Brigitte Haberda

Fit in der Schule

Brigitte Haberda

Fit in der Schule

Das KLIPP und KLAR-Förderprogramm für Kinder im Grundschulalter

VAK

VAK Verlags GmbH
Kirchzarten bei Freiburg

Vorbemerkung des Verlags

Dieses Buch informiert über Möglichkeiten, Kindern das Lesen-, Schreiben- und Rechnenlernen zu erleichtern. Die vorgeschlagenen Übungen und Verfahrensweisen dienen diesem pädagogischen Zweck. Sie haben sich als sicher und effektiv bewährt. Wer sie anwendet, tut dies in eigener Verantwortung. Verlag und Autorin beabsichtigen nicht, Diagnosen zu stellen oder Therapieempfehlungen zu geben.

Brain-Gym® und Edu-K® sowie MindMap® sind international als Warenzeichen geschützt.

Bibliografische Information der Deutschen Bibliothek

Die deutsche Bibliothek verzeichnet diese Publikation in der Deutschen Nationalbibliografie; detaillierte bibliografische Daten sind im Internet über http://dnb.ddb.de abrufbar.

VAK Verlags GmbH
Eschbachstraße 5
79199 Kirchzarten
Deutschland
www.vakverlag.de

2. Auflage 2009

In Zusammenarbeit mit Wulfing von Rohr
Illustrationen: René Michael
Fotos: Frank Iwan
Grafiken: Dorota Koniezcka
Umschlag: Hugo Waschkowski
Lektorat: Nadine Weber
Layout: Karl-Heinz Mundinger
Satz und Druck: Himmer AG, Augsburg
Printed in Germany
ISBN 978-3-935767-64-4

Inhalt

Danksagung

Das KLIPP und KLAR-Förderprogramm ist im Verlauf von drei Jahrzehnten im Schulalltag, in der Lehrtätigkeit, bei der Ausbildung von Lerntrainern sowie in der Beratung und Einzelarbeit mit Schülerinnen und Schülern entwickelt worden. Dabei habe ich Impulse, Anregungen, Forschungsergebnisse sowie Praxiserfahrungen aus Hochschule und Forschung nutzen können, die ich von Wissenschaftlern und Lehrern sowie von vielen Eltern und Kindern erhalten habe. All diesen Menschen gilt mein aufrichtiger Dank.

Außerdem bedanke ich mich bei Wulfing von Rohr für seine redaktionelle Mitarbeit. Ganz besonderer Dank gebührt meiner Lektorin Nadine Weber, die das Projekt mit großem Engagement begleitet hat. Ein herzliches Dankeschön auch an René Michael, dessen Illustrationen und Hilfsbereitschaft zum Gelingen des Buches ebenfalls beigetragen haben.

Klosterneuburg, im Juni 2005

Brigitte Haberda

A Einführung

1 Endlich weiß ich, warum: Ein persönliches Vorwort der Autorin

Zwanzig intensive, lange und sehr schöne Jahre war ich an verschiedenen Schultypen als Lehrerin aktiv tätig. Ich habe Kinder in der Vorschule betreut, an Grund- und Hauptschulen unterrichtet, Jugendliche an Real- und Mittelschulen begleitet und auch an einer allgemeinen Sonderschule unterrichtet. Im Laufe der Zeit kamen neue Aufgaben hinzu. Ich wurde Professorin an der Pädagogischen Akademie des Bundes in Wien und arbeitete im Bereich der Lehrerausbildung für Methodik und Didaktik.

Durch meine Arbeit als Lehrerin stieß ich immer wieder auf Lernprobleme. Mit den sich verändernden Zeiten tauchten sie häufiger auf und betrafen mehr Schüler. Da ich mich als Mutter von zwei Kindern vom Thema auch persönlich betroffen fühlte, wuchs eine starke Motivation in mir heran, die Wurzel allen Übels zu entdecken, die Ursachen von Lernproblemen zu erkennen und wirklich dauerhafte und allgemein gültige Wege und Methoden zu deren Lösung zu finden.

Die Überwindung von Lernproblemen stellt einen Zweig der Lernpsychologie und Pädagogik dar, der bekanntlich schon seit einigen Jahrzehnten im Mittelpunkt des Interesses von Menschen steht, die beruflich mit Lernen, Schule, Unterricht und anderen Formen der Ausbildung zu tun haben. Ich selbst war an zahlreichen Schulversuchen zu diesem Thema verantwortlich beteiligt. Ihr Ziel bestand darin, einen Durchbruch in der Lernforschung und bei der Lösung von Lernproblemen zu erreichen. Jedoch stellte ich im Verlauf der vielen Jahre fest, dass zwar manches besser war als die bisher bekannten Methoden (manches auch schlechter!), wir aber immer wieder an unsichtbare Grenzen stießen, die einen wirklichen Durchbruch nicht erlaubten. Hier einige Beispiele für die Schwerpunkte solcher Schulversuche:

- Der Stundenplan wurde aufgelöst, der Unterricht fand fächerübergreifend statt.
- Wir führten „offenes Lernen" mit Wochenplanarbeit ein; die Kinder durften Arbeitstempo und Schwierigkeitsgrad selbst bestimmen und eine eigene Zeitplanung machen.
- Es wurde leistungsstufenorientiert unterrichtet, was in vielen Fällen jedoch dazu führte, dass die Schwächeren immer schwächer wurden.
- Ein integrativer Unterricht (behinderte und nicht behinderte Kinder werden gemeinsam unterrichtet) wurde eingeführt.
- Projektunterricht fand statt, bei dem zu einem festgelegten Thema fächerübergreifend gearbeitet wurde.
- Es wurde Förderunterricht für Schüler mit Lernproblemen eingeführt.

Mit den Jahren wuchs in mir jedoch folgende Erkenntnis heran: Trotz all der Unterrichtsformen, die ich auch selbst ausgiebig praktiziert hatte, egal ob es Projektunterricht, offenes Lernen oder andere Ansätze waren, blieben wir in Bezug auf die Lernproblematik nur auf der „Symptomebene". Bei Schwierigkeiten beim Lesen wurden Leseübungen durchgeführt, bei Rechtschreibproblemen Rechtschreibübungen gemacht. Wir probierten viele und auch unterschiedliche Übungsformen aus, hatten die Ursachenebene dabei jedoch nie wirklich beachtet. Ein typisches Beispiel für meine Feststellung sehe ich bei manchen gängigen Legasthenieprogrammen: Die Kinder wiederholen die zu übenden Wörter zwar häufig und oft wird sogar seitenlang und sehr intensiv immer wieder das Gleiche geübt. Dadurch wird jedoch nicht erforscht, *warum* ein Kind diese Wörter überhaupt „falsch" schreibt. Also begann ich, mich der Ursachenebene zu widmen. Ich erkannte, dass vielen Kindern die Voraussetzungen, um überhaupt sinnvoll üben zu können, ganz einfach fehlen.

Ein Durchbruch im Verstehen und Lösen von Schulproblemen

Ich sah mich ständig mit der scheinbar unlösbaren Frage konfrontiert: „Wir tun so viel, um Kinder mit Lernproblemen zu fördern, aber in manchen Fällen müssen wir erkennen, dass nichts wirklich und dauerhaft funktioniert. Warum?"

Immer mehr kristallisierte sich heraus, dass Lernprobleme in der Regel nichts damit zu tun haben, dass die Schüler „faul" oder „dumm" wären oder nicht genug übten. Die Lernprobleme hingen auch nicht immer mit den Vermittlungstechniken zusammen. Vielmehr war die Ursache für Lernprobleme meist, dass die Schüler nicht die richtigen Werkzeuge zum Lernen zur Verfügung hatten. Oder sie besaßen zwar Werkzeuge, aber sie benutzten sie nicht oder wussten nicht, wie sie damit umgehen sollten. Damit sie nachempfinden können, was ich damit meine, möchte ich Ihnen ein Beispiel geben: Wenn Sie gebeten werden, aus einem See Wasser zu schöpfen, brauchen Sie ein geeignetes „Werkzeug" dafür. Ein Glas oder ein Becher werden gut funktionieren, ein Löffel weniger gut, eine Gabel gar nicht. So ähnlich ist es mit dem Lernen.

Auch beim Lösen von Aufgaben, die das Lernen betreffen, sollten die entsprechenden Werkzeuge vorhanden sein. Nur heißen sie in diesem Fall nicht Becher oder Löffel, sondern zum Beispiel Hand-Augen-Koordination und Konzentration. Ohne bestimmte Lernwerkzeuge – ich bezeichne sie auch als Teilleistungsfähigkeiten – gibt es keine zielführende Möglichkeit, Lernprozesse erfolgreich zu absolvieren.

Lernprozesse sind notwendig, um Fähigkeiten und Wissen aufzunehmen, und brauchen etwas Zeit. Die vier wichtigsten Lernwerkzeuge sind nach meinen bisherigen Erkenntnissen die folgenden:

1. *Der Schüler verfügt über ein adäquates Energieniveau.* Energie ist für jede Tätigkeit erforderlich und natürlich auch für Lernprozesse.
2. *Der Schüler ist fähig wahrzunehmen.* Das betrifft sowohl die einzelnen „Wahrnehmungsebenen" Hören, Sehen und Spüren als auch die „intermodalen Verbindungen". Das bedeutet, dass es funktionierende bzw. „kompatible" Verbindungen zwischen dem Sehen, Hören und Tun gibt. Man kann dies auch als die Fähigkeit bezeichnen, über alle „Kanäle" aufzunehmen und die sensorischen Informationen miteinander zu verknüpfen.
3. *Die beiden Gehirnhälften arbeiten gut zusammen.* Sicher wissen Sie, dass sich die beiden Gehirnhälften, auch Hemisphären genannt, durch ihre jeweilige Arbeitsweise voneinander unterscheiden. Die analytische Hemisphäre finden wir meist auf der linken Seite. Sie arbeitet „sequenziell", also Schritt für Schritt. Ihr wird das Erkennen von Details zugeordnet. Die intuitive rechte Hemisphäre arbeitet „holistisch", also ganzheitlich. Sie sieht, modellhaft ausgedrückt, immer das Ganze und ermöglicht uns einen Überblick. Lernen ist nur möglich, wenn man sowohl auf große, ganzheitliche Zusammenhänge wie auch auf kleinere Einzelinformationen Zugriff hat und auch beides miteinander verknüpfen kann.
4. *Die visuellen Fähigkeiten sind entwickelt.* Das bedeutet, dass man über die Augen leicht Informationen wahrnehmen und aufnehmen kann. Da gerade in der heutigen Zeit viele Informationen virtuell angeboten werden, ist es sehr wichtig, sich diese Fähigkeit anzueignen. Doch vielen Kindern bereitet schon das Bewegen ihrer Augen große Probleme. Sollen sie die Augen hin- und herbewegen, wie es zum Beispiel beim Lesen der Fall ist, beginnen sie zu tränen, manchen Kindern wird sogar schwindlig oder übel.

Die Ursache von Lernproblemen liegt also im Fehlen von Lernwerkzeugen bzw. von Teilleistungsfähigkeiten. Das war der Durchbruch, nach dem ich so lange gesucht hatte. Er führte zur Entwicklung des KLIPP und KLAR-Förderprogramms, das sich inzwischen seit zwölf Jahren im Schulalltag bewährt. Seminare dazu finden in Deutschland, Österreich, der Schweiz, in Tschechien und Frankreich statt. Auf der Grundlage dieses Lernkonzepts entstand eine neue Art von Lernstudio. Das erste dieser Lernstudios baute ich selbst auf und leitete es zehn Jahre. Die Ausbildung von Lerntrainern kam hinzu; fast tausend Seminarteilnehmer waren bereits oder sind noch in der Ausbildung. Etwa einhundert KLIPP und KLAR-Lerntrainer haben ihren Abschluss erworben und arbeiten in verschiedenen Ländern. Inzwischen gibt es bereits zahlreiche KLIPP und KLAR-Lernstudios im deutschsprachigen Raum, aber auch einige in Frankreich und Belgien.

Über das KLIPP und KLAR-Förderprogramm, das auf der Entwicklung von Teilleistungsfähigkeiten aufbaut und Lernwerkzeuge zur Verfügung stellt, sind zahlreiche Veröffentlichungen erschienen. In zwei früheren Büchern – *Knack die Nuss beim*

Lesen und Schreiben und *Rechnen – keine Hexerei* (beide erschienen bei VAK) – sind die ersten Forschungsergebnisse und Anwendungsbeispiele zusammengestellt. Jetzt liegen weitere langjährige Erfahrungen und neue Ergebnisse vor, die auf ihre Praxistauglichkeit im Schulalltag überprüft wurden. Diese Erfahrungen und Ergebnisse werden hier nun vorgestellt.

Es ist mir ein wesentliches Anliegen, ein „populäres" Buch zu schreiben, ein Buch also auch für Eltern, die mit den Schulproblemen ihrer Kinder konfrontiert sind und keine Ahnung haben, „was da eigentlich los ist". Für Eltern, die nicht wissen, warum es zu Schwierigkeiten beim Lernen kommt, was die Ursachen dafür sind, und vor allem, was man dagegen tun kann.

Daher ist mir der praxisorientierte Teil besonders wichtig. Diesen Teil möchte ich sehr ausführlich behandeln und dabei unter anderem auf folgende typische Fragen eingehen:

- Was tun bei Rechenproblemen in der Grundschule?
- Was tun, wenn das Lesenlernen nicht gelingen will oder sich kein Leseverständnis einstellt?
- Wie entwickelt ein Kind Schreibfertigkeit?
- Wie kann Freude am Geschichtenschreiben entstehen?
- Wie kann das Kind eine Rechtschreibkompetenz aufbauen?

Solche Voraussetzungen und Einsichten, die für den Erfolg des Kindes bei der Lösung von Lernproblemen wesentlich sind, werden in manchen Kapiteln unter jeweils anderen Gesichtspunkten wiederholt. So prägen sie sich besser ein und sind beim Verstehen und Anwenden des KLIPP und KLAR-Förderprogramms, das hier für Kinder ab dem Vorschulalter vorgestellt wird, leichter verfügbar.

Selbstverständlich können nicht annähernd alle Lernhilfen mit Beispielen für die verschiedenen Anwendungsgebiete ausführlich erläutert werden, da es den Umfang des Buches übersteigen würde. Interessierte Leserinnen und Leser finden weiterführende Informationen in zahlreichen Seminaren und der zweijährigen Ausbildung zum KLIPP und KLAR-Lerntrainer.

Für das vorliegende Buch habe ich jene Ansätze und Übungen ausgewählt, die nach unserer langjährigen Erfahrung von den Betroffenen, nämlich Kindern im Grund- und Vorschulalter, und den sie unterstützenden Personen am einfachsten umgesetzt werden können.

Zunächst möchte ich Sie jedoch einladen, einen ebenfalls sehr persönlichen kurzen Bericht einer Frau zu lesen, die ihre Erfahrungen mit dem KLIPP und KLAR-Förderprogramm beschreibt.

2 Von wegen dumm: Eine Teilnehmerin der Ausbildung erzählt

Der folgende Bericht stammt von Margit Rieder, die heute als Heilpraktikerin arbeitet. Sie hatte als „abgestempelte“ schwere Legasthenikerin keine beruflichen Entwicklungsmöglichkeiten mehr gesehen, bis sie eine Ausbildung zum Lerntrainer begann und diese erfolgreich abschließen konnte. Hier ihr Bericht:

> Ein lernbehinderter Junge von etwa drei Jahren kam in meine Naturheilpraxis. Er spiegelte in vielen Bereichen meine eigenen alten Schulprobleme wider. Nachdem meine bis dahin erlernten und praktizierten Methoden nur wenig Erfolg bei ihm zeigten, fing ich an, nach anderen Techniken zu suchen, um Lernschwierigkeiten zu beheben. So gelangte ich zum Institut für Angewandte Kinesiologie in Kirchzarten bei Freiburg. Bald stellte ich fest, dass die Kurse, Schulungen, Seminare und Trainings dort zur Behandlung meiner eigenen Legasthenie und Stärkung meines angeschlagenen Selbstwertgefühls werden sollten. Nach einiger Zeit (und der für mich schwierigen Überwindung von Prüfungsängsten) saß ich zusammen mit anderen Menschen in der KLIPP und KLAR-Lerntrainer-Ausbildung in einem Seminarraum und erfuhr, dass es sich zumeist um Lehrerinnen und Lehrer handelte. Alte Gefühle aus meiner Schulzeit überfluteten mich, ich entwickelte Widerstände gegen die Ausbildung, fühlte mich ziemlich schlecht und wollte die Ausbildung abbrechen. Mit Unterstützung von Brigitte Haberda und den Kolleginnen und Kollegen aus dem Seminar konnte ich meine Ausbildung schließlich doch mit großem Erfolg abschließen. Mein Leben hat sich dadurch vollständig und so positiv verändert, dass mich das bewogen hat, darüber an dieser Stelle etwas beizutragen, als Ermunterung für so viele andere Menschen, denen es ähnlich erging oder geht wie mir früher.
>
> Während meiner Schulzeit konnte ich keinen Satz zusammenhängend lesen und verstehen. Das Vertauschen von Buchstaben und „erfundene“ Wortneuschöpfungen lösten Gelächter in der Klasse aus und mein Selbstwertgefühl sank noch tiefer. Um zu vermeiden, dass ich ausgelacht werde, beteiligte ich mich nicht mehr am Unterricht und „verstummte“; ich wurde zur Außenseiterin. Nur durch meine selbst erschaffene Traumwelt und Tagträumereien überstand ich meine Schulzeit mehr schlecht als recht. Während der Zeit in einer Klosterschule, die als Internat geführt wurde, versuchte ich, meine Schulleistungen zu verbessern, indem ich mit der Taschenlampe unter der Bettdecke las und versuchte,

mir Diktate fotografisch einzuprägen. Wenn jedoch zu schnell diktiert wurde, konnte ich meine „Textbilder“ nicht mehr abrufen.

Ich fühlte mich immer dumm, minderwertig und unzulänglich. In diesem Internat wurden meine schulischen Leistungen differenziert beobachtet und bewertet; man stellte Legasthenie fest. Ich glaubte, ich sei einfach nicht „in Ordnung“ und müsste meine „Schwäche“ vor allen Menschen verstecken.

Später im Berufsleben wurde ich sehr oft belächelt oder als „Dummchen“ angesehen, weil ich die einfachsten Wörter nicht fehlerfrei schreiben konnte. Damit war meine berufliche Entwicklung blockiert. Meine Schrift wurde immer unleserlicher, damit sie außer mir kein anderer lesen konnte. Ich sprach nur sehr wenig und in einer Gruppe sowieso nicht, denn in solchen Stresssituationen hatte ich keine genaue Vorstellung dessen, was ich sagen sollte. Ich konnte keine drei verständlichen Sätze nacheinander formulieren.

Erst durch das KLIPP und KLAR-Förderprogramm wurde mir bewusst, dass ich nicht „blöd“ war, sondern einfach nur eine andere Art des Lernens hatte. Sogar noch im eher fortgeschrittenen Alter von 40 Jahren konnte ich Schwächen in Bezug auf bestimmte „Teilleistungsfähigkeiten“ mithilfe dieses Förderprogramms vollständig beheben. Dadurch hat sich mein Leben völlig verändert.

Heute schäme ich mich nicht mehr, dass ich Legasthenikerin war. Ich muss mich nicht mehr hinter irgendwelchen Ausreden verstecken. Ich bin sehr viel selbstbewusster geworden. Ich empfinde keinen Stress mehr, wenn ich vor vielen Menschen sprechen und Vorträge halten soll.

Lesen macht mir inzwischen richtig Spaß und es dauert auch nicht mehr monatelang, ein Buch zu lesen. Wortverständnis und Wortfindungen stellen auch unter Zeitdruck kein Problem mehr dar. Selbst mein Privatleben und der Umgang im Freundeskreis haben sich positiv verändert.

Der Bericht von Margit Rieder ist ein Praxisbeispiel dafür, wie das KLIPP und KLAR-Förderprogramm Chancen für Lernprozesse eröffnen kann, die nicht nur Kindern und Jugendlichen nutzen, sondern auch Erwachsenen. Das führt sowohl zu verbesserten Leistungen als auch zu einem ganz neuen Selbstwert- und Lebensgefühl.

Das Leben kann von uns selbst verändert werden. Dabei gilt: Je früher, desto besser. Wenn wir so früh wie möglich etwas für unsere Kinder tun, wenn wir unseren Kindern so früh wie möglich helfen, etwas für sich zu tun, dann muss niemand solch schwierige Prozesse, wie Margit Rieder sie beschrieben hat, so spät im Leben nachholen. Dieser Leitfaden wurde geschrieben, um Sie dabei zu unterstützen, Ihren eigenen Kindern oder den Kindern, die Sie betreuen oder unterrichten, so früh wie möglich zu helfen!

B Die Grundlagen des **KLIPP und KLAR-Förderprogramms**

3 Was Bewegung mit Lernen zu tun hat: die natürliche kindliche Entwicklung als Voraussetzung für den Aufbau der Lernfähigkeit

Nachdem ich erkannt hatte, dass lernschwachen Kindern in den meisten Fällen die für das Lernen notwendigen Lernwerkzeuge fehlen, stellte sich natürlich die Frage: Wie kann ich den Kindern zu diesen Werkzeugen verhelfen? Bei der Beantwortung half mir die Überlegung: Warum fehlen Lernwerkzeuge heute so oft?

Hier fallen einem eine ganze Reihe von Gründen ein: Bewegungsmangel, veränderte Umweltbedingungen, Platzmangel, Berufstätigkeit beider Eltern, Alleinerziehende, Mangel an adäquaten Spielsachen und die Tatsache, dass generell zu wenig gespielt wird. Zur Veränderung der Umwelt gehört auch, dass Kinder heute gar nicht mehr die Herausforderung oder Chance haben, bestimmte Fähigkeiten zu entwickeln.

Betrachten wir diese Aussage an einem konkreten Beispiel – und zwar an der Verfügbarkeit der Schwungrichtung im und gegen den Uhrzeigersinn, die für ein harmonisches Schriftbild erforderlich ist. Früher entwickelten und trainierten Kinder beide Schwungrichtungen bei vielen Alltagstätigkeiten: beim Abtrocknen von Geschirr, Reiben von Semmelbröseln, Kaffee mahlen usw.

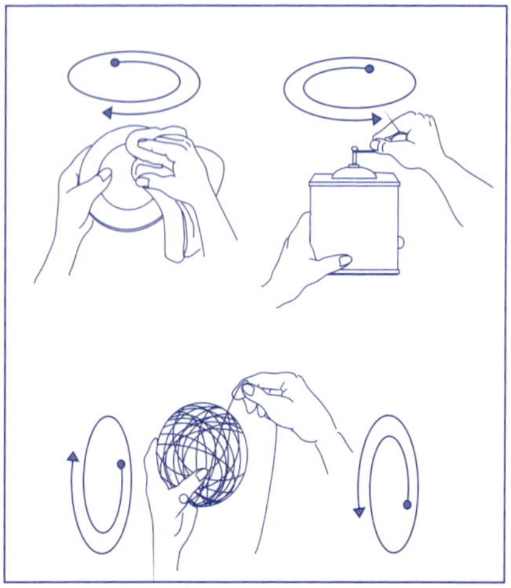

Und wie ist es heute? Haushaltsmaschinen machen inzwischen viele manuelle Arbeiten überflüssig. Kinder waschen oder trocknen nicht mehr Geschirr ab, sie wickeln keine Wolle mehr zu Knäueln, die Sahne wird nicht mehr mit einem Schneebesen oder einem mechanischen Sahnequirl geschlagen. Heute macht sich auch niemand mehr die Mühe, Semmelbrösel mit der Hand zu reiben oder die Kaffeemühle mit der Hand zu bedienen. Diese Tätigkeiten haben früher die Bewegungsrichtungen im und gegen den Uhrzeigersinn trainiert.

Ebenso wie veränderte Umweltbedingungen die natürliche Entwicklung von Teilleistungsfähigkeiten beeinträchtigen können, sehe ich auch im Mangel an adäquaten Spielsachen und im selteneren Spielen einen Grund dafür. Waren früher Spielabende mit der ganzen Familie durchaus üblich, so sind heute vielen Kindern sogar einfache Brettspiele fremd. Was höchst bedauerlich ist, denn diese Spiele tragen sehr viel dazu bei, die Teilleistungsfähigkeiten zu aktivieren. Betrachten wir unter diesem Gesichtspunkt das Spiel „Mensch ärgere dich nicht“. Wenn ein Kind nach den Spielsteinen greift, werden sein taktiles System, also der Tastsinn, und die Hand-Augen-Koordination geschult, das aufeinander abgestimmte Zusammenspiel des Erfassens von Gegenständen mit den Augen und den Fingern. Sind diese Teilleistungen noch nicht gut entwickelt, so kann es leicht passieren, dass dabei alle Spielsteine umfallen. Wenn das Kind die Steine vorrückt und mitzählt, erfolgt die Synchronisation von Sprache und Bewegung, eine wichtige Voraussetzung für den Aufbau des Mengenbegriffs, der für das Abzählen von Objekten essenziell ist. Aber auch Teilleistungen, wie das Vorausplanen und die Raumorientierung, werden bei diesem Brettspiel aktiviert.

Erste Maßnahmen

Es liegt auf der Hand, dass Bewegungsübungen, teilleistungsspezifische Aufgaben und verschiedene Spielformen einen Schwerpunkt beim Aktivieren von Teilleistungen bilden. Durch meine Arbeit mit Sportlern habe ich eine Reihe von Bewegungsübungen kennen gelernt, die sich hervorragend für den Aufbau, für die Aktivierung von Lernwerkzeugen eignen. Diese Übungen habe ich mit Übungsformen, die ich in verschiedenen Ausbildungen, unter anderem auch in kinesiologischen, kennen gelernt habe, zu Bewegungsprogrammen zusammengestellt und in meinen Unterricht integriert.

Ich begann also am Beginn jeder Unterrichtseinheit, mit den Kindern Bewegungsübungen zu turnen. Zum Beispiel Überkreuzbewegungen, die helfen, die Zusammenarbeit der beiden Hemisphären zu verbessern. Im Stehen wird der rechte Ellenbogen ans linke Knie geführt, dann der linke Ellenbogen ans rechte Knie.

Anschließend habe ich mit den Schülern gerne eine Übung geturnt, um die Aufnahmefähigkeit der Augen zu verbessern. Dabei beschreiben wir mit dem ausgestreckten

Arm, erst mit dem einen, dann mit dem anderen, eine liegende Acht vor dem Körper und folgen unseren Fingerspitzen mit den Augen.

Wir führen also bestimmte „Turnübungen“ durch, die zum Teil auch als Brain-Gym®-Übungen bekannt sind. Nach einigen Übungseinheiten tun sich viele der schwächeren Schüler mit einem Mal leichter und ihre schulischen Leistungen werden deutlich besser. Sie folgen dem Unterricht konzentrierter, sie lernen schneller, merken sich mehr und erzielen bei kleinen Prüfungen größere Erfolge. Sogar die guten Schüler verbessern ihre Leistungen noch weiter. Wir alle, auch ich selbst, haben mehr Freude am Unterricht. Warum?

Was passiert im Kopf, im Bauch? Warum führen Überkreuzbewegungen zu besserem Lernen? Warum sind solche Überkreuzbewegungen anfangs für manche Kinder schön und leicht, während sich die anderen so schwer damit tun, den rechten Ellbogen an das linke Knie zu bringen? Warum sind solche Schüler, die bei derartigen Übungen unkoordiniert zappeln und denen sie nicht so leicht fallen, gleichzeitig jene Kinder, die auch die größeren Lernprobleme haben? Diese Beobachtung konnten wir in unseren Lernstudios auffällig oft machen.

Was für manche unter Ihnen unter Umständen völlig neu ist, mag anderen bereits vertraut sein: Kinder, die sich reichlich bewegen und die ihre Bewegungen zwischen Kopf und Bauch, zwischen Körper, Armen und Beinen und den Augen gut koordinieren können, tun sich leichter mit dem Lernen. Kindern, die unter Bewegungsmangel leiden, die sich unkoordiniert bewegen oder keine harmonische Abstimmung von Hand und Augen besitzen, fällt das Lernen auch fast immer schwerer. Man kann also schlussfolgern, dass Schüler mit mangelhaften motorischen Fähigkeiten sehr häufig auch Lernprobleme haben. In diesem Fall ist der Mangel motorischer Fähigkeiten ein Anzeichen dafür, dass diese Schüler über bestimmte Teilleistungsfähigkeiten, die zum Lernen notwendig sind, nicht oder nur eingeschränkt verfügen.

Hintergründe

Der Zusammenhang zwischen Bewegung und Lernen lässt sich gut am Beispiel der Integration der beiden Gehirnhälften erklären, die jeweils unterschiedliche Leitfunktionen ausüben.

Lesepatinnen

Analytische Gehirnhälfte: meist links

Die linke Gehirnhälfte ist auf die Analyse ausgerichtet. Sie dient dem Erkennen von Einzelheiten: Sie hilft, Schritt für Schritt zu arbeiten und „eines nach dem anderen" zu erledigen. Wenn ein Kind einen guten Zugriff auf die Leitfunktionen dieser Gehirnhälfte hat, dann sieht es zum Beispiel auf Bildern schnell die Details, nach denen vielleicht gesucht wird. Logisches Denken, serielles Arbeiten und die Fähigkeit zu strukturieren sind leicht verfügbar.

Arbeitet der Schüler vorwiegend mit dieser Hemisphäre und hat jedoch keinen oder nur mangelhaften Zugriff auf die intuitive rechte Gehirnhälfte, neigt er dazu, bei den einzelnen Elementen „hängen" zu bleiben und es fällt ihm schwer, den Lernstoff als Ganzes wahrzunehmen und zu verstehen.

Ein Beispiel hierfür verdeutlicht eine Leseübung mit dem Wort „Mama". Wer im Detail feststeckt, liest jeden einzelnen Buchstaben ganz richtig: M ... a ... m ... a, hat aber Probleme mit dem „Zusammenschleifen" oder „Zusammenlauten" der Buchstaben zu einem ganzen Wort. Diese Schwierigkeit kann sich später fortsetzen und darin zeigen, dass Texte monoton vorgelesen werden, ohne Interpunktion und mit mangelhaftem Leseverständnis. Nun sind die Details nicht mehr die *Buchstaben*, sondern die *Wörter.* Die Wörter werden jetzt zwar erkannt und gelesen, aber der gesamte *Satz* kann nicht als Ganzes wahrgenommen und verstanden und dementsprechend gelesen werden. Dadurch kommt es zu Problemen beim Sinn erfassenden Lesen und beim so genannten Leseverständnis.

Intuitive oder holistische Gehirnhälfte: meist rechts

Die rechte Gehirnhälfte ist auf das Erfassen und den Ausdruck von Ganzheit ausgerichtet. Komplexe Zusammenhänge werden in Farben, Formen und Bildern „erspürt". Kunst, Musik, Gefühle und Intuition regen zu Kreativität an und sind gleichzeitig Ausdrucksweisen des Menschen, der überwiegend von seiner rechten Gehirnhälfte geleitet wird.

Arbeitet das Kind vorwiegend mit den Leitfunktionen dieser Hemisphäre, erfasst es vorrangig das gesamte Wortbild und außerdem das, was besonders hervorsticht. Beim Wort „Mama" wird dann das Wortbild erfasst und zum Beispiel der Anfangsbuchstabe M.

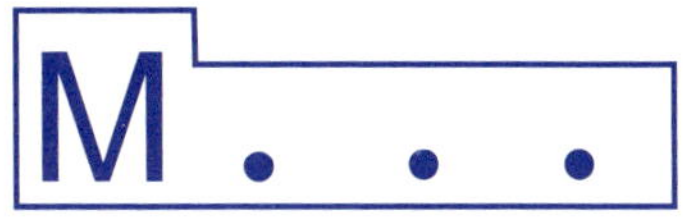

Kann der Schüler auf die Details der einzelnen Buchstaben nicht ausreichend zugreifen, dann „liest" er anstelle von Mama vielleicht Mami, Momi, Mimi oder Moni. Beim Lesen führt dies dann häufig zum „Dichten". Angefangene Wörter, ja sogar ganze Sätze, werden nach intuitivem Gefühl fortgesetzt und beendet; es wird nicht gelesen, was wirklich auf dem Blatt steht. Auch mit dieser Vorgehensweise hat der Schüler Schwierigkeiten, den Inhalt von Texten zu erfassen.

Integration durch Bewegung

Beide Fähigkeiten – die analytisch-rationale und intuitiv-kreative Fähigkeit – sollten jederzeit und auch gleichzeitig „abrufbar" sein. Kinder (und Erwachsene!) sollten ungehinderten Zugriff auf beide Wahrnehmungsweisen und Ausdrucksformen haben und sie zielgerichtet, je nach den Anforderungen und Möglichkeiten einer Lern- und Lebenssituation, einsetzen können. Die meisten Menschen haben eine Vorliebe für die eine oder die andere Funktionsweise. Jeder Mensch entwickelt Dominanzen. Man spricht von der so genannten „Hemisphären-Dominanz".

Der eine neigt eher zu analytischen Betrachtungen und macht sich bei Entscheidungen eine Liste mit Punkten, die dafür und dagegen sprechen. Menschen mit einer Dominanz der intuitiven Hemisphäre tendieren hingegen dazu, eher den Gesamteindruck wahrzunehmen und sich bei Entscheidungen auf ihr „Bauchgefühl" zu verlassen. Keine der Dominanzen ist besser als die andere. Beide Entscheidungsprozesse – sowohl logische Überlegungen anzustellen als auch auf seinen Bauch zu hören – sind in Ordnung, ebenso wie die Entwicklung einer bevorzugten Arbeitsweise. Entscheidend ist vielmehr, bei Bedarf jederzeit Zugang zu den spezifischen Fähigkeiten beider Hemisphären zu haben und diese Möglichkeit auch zu nutzen.

Wenn jedoch die Leitfunktionen einer Seite nicht aktiv eingesetzt werden können oder wenn beide Funktionen nicht aufeinander abgestimmt werden, sie also nicht harmonisch miteinander arbeiten, dann fällt es nicht nur schwer, die richtigen Entscheidungen zu treffen, sondern es beeinträchtigt die Lernprozesse. In der Folge haben wir es mit Auffälligkeiten beim Lernen zu tun. Die Integration der Gehirnhälften wird vom frühkindlichen Alter an in erster Linie durch körperliche Bewegung stimuliert, wobei der entscheidende Schritt in der so genannten „Krabbelphase" gemacht wird. Kinder, die sich viel bewegen, die in ihrem Bewegungsdrang gefördert werden, die viel spielen können und dürfen und in der freien Natur herumtollen, werden nicht nur die speziellen Fähigkeiten ihrer beiden Gehirnhälften gut entwickeln, sondern auch deren Zusammenarbeit optimieren.

Bereits in den 1960er-Jahren haben der Arzt Robert Doman und der Psychologe Carl Delacato Überkreuzbewegungen in ihre Therapieprogramme zur Behandlung von Entwicklungs- und Bewegungsstörungen integriert und sichtbare Erfolge damit erzielt.

Die Erkenntnis, wie Bewegungsübungen das Lernen verbessern können, macht sich die moderne Lernforschung und auch die Kinesiologie mit ihren Gebieten *Angewandte Kinesiologie* und *Edu-Kinestetik* (Edu-K®) zunutze. Ein Pionier auf diesem Gebiet ist Dr. Paul Dennison, der mit den Brain-Gym®-Übungen Überkreuz- und andere Bewegungsübungen wieder in den Vordergrund gerückt hat.

4 Wenn Fähigkeiten und Lernwerkzeuge fehlen: Hintergründe von Schulproblemen erkennen

Lernwerkzeuge

Wenn fehlende Lernwerkzeuge die Ursache von Lernschwierigkeiten sind, kann ein Kind gar nicht richtig lernen. Gibt man ihm diese Werkzeuge oder zeigt man ihm, wie es sie sinnvoll nutzen kann, dann beginnen die Lernprobleme sich aufzulösen. *Lernwerkzeuge* sind die Voraussetzungen, die ein Mensch braucht, um überhaupt lernen zu können.

Ein Beispiel: Sie haben einen mit Wasser gefüllten Eimer und zwei Gläser sowie zwei Werkzeugtaschen. Nun laden Sie zwei Kinder zu einem spielerischen Wettbewerb ein: Welches Kind kann das Glas am schnellsten füllen, aber nicht, indem es ein Glas in den Eimer taucht, sondern indem es ein Werkzeug aus der Tasche verwendet?

Beide Kinder öffnen die Werkzeugtasche und kramen darin herum. Ein Kind findet einen Löffel und fängt an, Löffel um Löffel sein Glas zu füllen. Dabei geht der eine oder andere Tropfen daneben, der Löffel ist ziemlich klein und deshalb dauert es auch recht lange – aber das Glas füllt sich stetig.

Das andere Kind sucht und sucht und scheint in seiner Tasche kein geeignetes Werkzeug zu finden. Schließlich fischt es eine Gabel heraus und taucht diese in den Eimer. Einige Tropfen bleiben tatsächlich auch darauf liegen und das Kind macht sich eifrig daran, Tropfen um Tropfen in sein Glas zu füllen. Mit der Zeit ist die anfängliche Begeisterung, auch etwas Wasser im Glas zu haben, aber dahingeschwunden, die Arbeit ist viel zu mühselig.

Übertragen wir dieses Beispiel – das wirklich so stimmt und nichts verzerrt! – auf die Schule. Ein Kind nutzt für Lernprozesse die Schöpfkelle aus seiner Werkzeugtasche, ein anderes einen großen Löffel, ein drittes nur verschiedene Gabeln. Ein viertes Kind hat zwar alle Werkzeuge in seiner Tasche, es findet aber nur einen Teil davon. Mit den Werkzeugen, die sie zur Verfügung haben, geben sich die Kinder die allergrößte Mühe. Manche plagen sich regelrecht ab – und doch stellt sich kein Erfolg ein, der sie und die Erwachsenen zufrieden stellt.

Wie fühlt sich wohl ein Kind, das sein Bestes gibt und sich „abrackert"? Und welches Kind bemüht sich eigentlich am meisten? Das mit dem großen Schöpflöffel, das schnell viel Wasser in das Glas füllt, oder das Kind, das mit einer Gabel versuchen soll, das Wasserglas zu füllen? Welche Gefühle haben Kinder, die sich redlich bemühen und Stunde um Stunde einsetzen und doch keine deutlichen Fortschritte erleben?

Die mögliche Wahrnehmung der Lehrer

Führen wir dieses Beispiel noch einen Schritt weiter fort. Nehmen Sie an, der Lehrer kann nicht sehen und deshalb auch nicht wissen, was in den Werkzeugtaschen seiner Schüler vorhanden ist. Er hat ihnen die Aufgabe gegeben, Wasser aus dem Eimer in das Glas zu füllen. Am Ende sieht er nur die guten, mittelmäßigen oder kläglichen Resultate.

Ein solcher Lehrer neigt selbstverständlich dazu, das eine Kind zu loben und das andere zu mehr Einsatz aufzufordern. Beim dritten bittet er die Eltern zu einem Gespräch und teilt ihnen mit, dass ihr Kind sich mehr anstrengen und üben sollte, und beim vierten gibt er vielleicht insgeheim die Hoffnung ganz auf.

Fragen, die zum Erkennen von Lernproblemen wichtig sind

- Sind alle Teilleistungsfähigkeiten des Schülers gut ausgebildet? Lautet die Antwort *Ja*, sind keine Probleme zu erwarten.
- Kann er diese Werkzeuge auch richtig benutzen? Lautet hier die Antwort *Nein*, dann sollte anfangs nicht der Lernstoff gelernt werden, sondern die Handhabung der Lernwerkzeuge! Der Schüler braucht eine Lernstrategie.
- Verfügt der Schüler über alle Werkzeuge, die aber vielleicht nicht ausreichend ausgebildet sind? Dann muss er Techniken erlernen, wie er seine Werkzeuge vergrößern, wie er vorhandene Fähigkeiten also weiterentwickeln kann.
- Findet er keine geeigneten Werkzeuge? Dann braucht er Hilfe, um diese Lernwerkzeuge neu zu entwickeln. Der Schüler benötigt dann spezielle Förderprogramme.

Wenn Lernwerkzeuge fehlen oder unterentwickelt sind, zeigt sich dies meist an typischen Lernproblemen in der Grundschule. Einige wichtige Werkzeuge möchte ich Ihnen vorstellen oder auch in Erinnerung rufen, falls Sie sich schon eingehender mit diesem Thema beschäftigt haben.

Die häufigsten Probleme beim Lesen

1. Holpriges Lesen; einzelne Buchstaben werden nicht miteinander verbunden oder Wörter nicht zusammengelautet.
2. Es wird etwas gelesen, was nicht da steht; das „Dichten“.
3. Monotones Lesen; jedes Wort wird gleich betont, Satzzeichen sind nicht hörbar, der Satz wird nicht als Einheit erfasst.

4. Mangelndes Leseverständnis; der Schüler weiß nicht, was er gelesen hat. Das ist auch unter Erwachsenen weiter verbreitet, als man annehmen würde. So genannte funktionale Analphabeten können zum Beispiel Beipackzettel oder Gebrauchsanweisungen zwar lesen, aber sie verstehen das Gelesene nicht (auch dann nicht, wenn die Texte klar, verständlich und übersichtlich verfasst sind).

Die häufigsten Probleme beim Schreiben

1. Unleserlich, „schlampig" schreiben; schlechtes Schriftbild
2. Langsames Schreiben; Malen
3. Keine Geschichten und Aufsätze schreiben können
4. Probleme mit der Rechtschreibung

Einige Probleme beim Rechnen

1. Rechenzeichen werden nicht verstanden; Plus und Minus werden manchmal richtig verwendet, dann wieder verwechselt.
2. „Zählendes Rechnen", das mühsam und fehleranfällig ist. Zählendes Rechnen bedeutet, dass ein Kind bei jeder Rechenaufgabe immer wieder von Neuem die Rechnung ausführt und keine Analogien zu gleichartigen Aufgaben bilden kann.
3. Rechnen mit Zahlen, die größer sind als 10, misslingt; das Rechnen über die erste Zahlendekade hinaus ist eine große Hürde. Ein typischer Fehler wäre beispielsweise: 14 – 5 = 11. Der Schüler hat offensichtlich Probleme beim Rechnen über den Zehner und zieht die *kleinere* von der *größeren* Einerstelle ab; die Zehnerstelle wird beim Rechnen nicht berücksichtigt und einfach nur abgeschrieben.
4. Die Kinder merken sich das Einmaleins nicht und dadurch funktionieren auch die Umkehraufgaben nicht, z.B.: 3 • 4 = 12. Wie oft ist die 3 in der 12 enthalten? Die Fähigkeit, dies zu erkennen, stellt eine wichtige Voraussetzung für das schriftliche Dividieren dar.
5. Probleme beim Dividieren.
6. Textbeispiele werden nicht verstanden, z.B. bei Sachaufgaben: 9 Kilo kosten 6 Euro, wie viel kosten 3 Kilo?
7. Fehlende räumliche Vorstellungskraft für Geometrieaufgaben; Quadrat und Rechteck werden vertauscht, Umfang- und Flächenberechnung verwechselt.

Das nächste Kapitel geht näher darauf ein, was man in diesen Fällen tun kann.

5 Was tun? Das KLIPP und KLAR-Förderprogramm

Ein Durchbruch in der Lernförderung

In meiner Tätigkeit als Lehrerin bin ich immer wieder an Grenzen gestoßen. Das wird anderen Lehrern und Lehrerinnen auch so gehen und fast alle Eltern kennen das Problem: Trotz intensiver Bemühungen gibt es keinen richtigen Durchbruch. Manche Schüler strengen sich sehr an, sie selbst, die Lehrer und Eltern leisten einen hohen Einsatz, hinzu kommen viele Übungseinheiten und Nachhilfestunden, besondere Lehr- und Lernmethoden werden ausprobiert, und trotzdem führt das nicht zum gewünschten Erfolg. Der Aufwand ist sehr hoch, die Effektivität jedoch leider sehr gering. Mit den herkömmlichen Übungsformen arbeiten wir nämlich fast immer nur auf der Ebene der „Symptome“, aber nicht an den notwendigen Voraussetzungen für effektives und erfolgreiches Lernen. Und gerade diese Voraussetzungen fehlen heute vielen Kindern.

Ich würde mir wünschen, dass die Erkenntnisse, die dieses Buch vorstellt und die im Praxisteil in ihrer konkreten Anwendung beschrieben sind, bei vielen ratlosen Eltern, Lehrern und betroffenen Schülern zu einem „Aha-Erlebnis“ führen.

Wirkliche Hilfe gibt es nur im „Kombipack“. Drei Punkte sollten beachtet werden:

1. Vorhandene Ressourcen des Schülers werden in eine Lernstrategie integriert, die individuell auf den Schüler abgestimmt ist.
2. Förderprogramme schaffen die Voraussetzungen für das Lernen.
3. Die verbesserten Voraussetzungen werden bei konkreten Aufgaben eingesetzt.

Das führt zu einem parallelen Arbeiten, sowohl an den Symptomen der Lernprobleme wie auch an ihren Ursachen. Zunächst ermitteln wir die Stärken und Fähigkeiten des Kindes und entwickeln eine individuelle Lernstrategie. Ein Elternteil oder Lehrer (oder der KLIPP und KLAR-Lerntrainer) zeigt dem Schüler, wie er mit seinen vorhandenen Fähigkeiten schneller und besser lernen kann und welche Lerntechniken ihn dabei besonders gut unterstützen. Parallel zu dieser Soforthilfe gilt es, mit Förderprogrammen eine solide Basis für Lernprozesse zu schaffen.

Wir arbeiten zuerst auf der Körperebene des Kindes, die zunächst wenig bis nichts mit den Lernproblemen zu tun haben scheint. Gleichzeitig widmen wir uns den Problemen auf der Schreib-, Lese- oder Rechenebene, die in der Schule als Oberflächensymptome ständig auftauchen.

Arbeiten wie ein KLIPP und KLAR-Lerntrainer

Die Arbeit des Lerntrainers setzt immer an der konkreten aktuellen Lernschwierigkeit des Schülers an. Er befasst sich mit dem Problem auf der „Symptomebene“. Das bedeutet, der Schüler schreibt ein Diktat oder eine Geschichte oder er rechnet die Aufgaben, die ihm schwer fallen. Dabei beobachtet ihn der Lerntrainer (bzw. ein Elternteil oder Lehrer) und macht eine „Bestandsaufnahme“ der Fähigkeiten und Probleme. Was kann der Schüler? Was fällt ihm leicht und was fällt ihm schwer? Wo zeigen sich Probleme?

So gewinnt er einen Eindruck davon, ob es beim aktuellen Lernproblem sich nur um eine Verständnisschwierigkeit handelt oder ob die Spitze eines Eisbergs sichtbar wird, unter der sich große fachliche Lücken verbergen.

So gilt es zum Beispiel bei der Division festzustellen, ob der Schüler nur Schwierigkeiten mit dem seriellen Ablauf der einzelnen Rechenoperationen hat (wird zuerst mit der Einerstelle multipliziert oder mit der Zehnerstelle?), oder ob schon beim Rechnen mit dem Einmaleins Probleme auftreten und es Unsicherheiten beim Addieren oder Subtrahieren gibt. Das Ergebnis bestimmt die weitere Vorgehensweise des Lerntrainers. Im ersten Fall kann mit dem Schüler sofort am Dividieren gearbeitet werden, im zweiten Fall müssen zuerst einmal die Voraussetzungen für diesen Rechenvorgang geschaffen werden, das heißt das Einmaleins gefestigt und das Addieren und Subtrahieren stabilisiert werden.

Ausgehend von der Bestandsaufnahme, also der konkreten aktuellen Lernschwierigkeit, und durch die Beobachtung des Schülers ermittelt der Lerntrainer die Ursachen für das jeweilige Lernproblem. Dabei stellt er folgende Überlegungen an:

- Lernt der Schüler einfach nicht richtig oder zu wenig?
- Erfolgt die Vermittlung des Lernstoffs auf einem „Kanal“, der beim Schüler nicht „empfangsbereit“ ist?

Bei beiden Ursachen gibt es Soforthilfemaßnahmen in Form einer individuellen Lernstrategie oder eines Lernplans (siehe Seite 43).

- Fehlen dem Schüler gewisse Fähigkeiten oder Lernwerkzeuge?

In diesem Fall verschafft sich der Lerntrainer mit eigens für das KLIPP und KLAR-Förderprogramm entwickelten Analyseblättern einen ersten Überblick über die Verfügbarkeit der einzelnen Teilleistungsfähigkeiten.

Wenn die Summe dessen, was fehlt, für das Kind erdrückend ist, setzt der Lerntrainer Prioritäten für das Förderprogramm. An erster Stelle stehen die vier Lernwerkzeuge, die die Basis für das Lernen bilden (siehe Seite 30).

Die Aktivierung von Teilleistungsfähigkeiten beginnt zunächst auf der Körperebene, damit die mangelhaft entwickelte Fähigkeit von Grund auf aufgebaut werden kann. Damit wird der natürlichen kindlichen Entwicklung Rechnung getragen, in der die Teilleistungsfähigkeiten zuerst in der Körperebene entwickelt werden, bevor es zu einer Umsetzung in der zweidimensionalen Ebene kommt. Beim KLIPP und KLAR-Lernkonzept wird der Transfer von Fähigkeiten auf eine allgemeine Schreibebene bewusst vollzogen. Spielerisch wird mit Hilfe von Arbeitsblättern gemalt, gezeichnet oder ausgefüllt, aber es werden noch nicht gezielt konkrete Buchstaben, Wörter und Ziffern geschrieben. Man kann diesen Transfer von Teilleistungsfähigkeiten von der Körperebene auf die allgemeine Schreibebene auch so beschreiben: Grobmotorische körperliche Fähigkeiten werden nun auf der feinmotorischen Ebene auf einem zweidimensionalen Blatt umgesetzt.

Nun erfolgt der Transfer von der allgemeinen Schreibebene auf die spezielle Schreibebene beziehungsweise auf die Ebene, auf der das Problem aufgetreten ist, also beim Rechnen, Schreiben oder Lesen. Auch für diesen Transfer wurden im Rahmen des KLIPP und KLAR-Lernkonzepts zahlreiche praktische Übungsblätter entwickelt.

Schließlich kehren wir zum Ausgangsproblem zurück. Durch die inzwischen erfahrenen Übungsschritte hat der Schüler ganz andere oder deutlich verbesserte Voraussetzungen, um seine Lernprobleme entweder ganz oder zumindest teilweise aufzulösen.

Der wichtige Transfer von der Körper- auf die Schreibebene

Wie bereits erwähnt, werden beim KLIPP und KLAR-Lernkonzept die Teilleistungsfähigkeiten zuerst auf der Körperebene aktiviert. Ein Lernwerkzeug muss zuerst auf der körperlichen Ebene vorhanden sein, bevor es auf der Ebene des Schreibens, Lesens und Rechnens genutzt werden kann! Das Beispiel des Raumbewusstseins soll dies verdeutlichen:

Raumbewusstsein kann sich nur im Raum, in den drei Dimensionen oben-unten, rechts-links und vorne-hinten aufbauen, nicht zuerst und nur auf dem Papier. Ich gehe in den Raum, ich erlebe Räumlichkeit, ich muss mir Raumbewusstsein mit dem Ball „errollen", mit meinem Körper erlaufen und erspringen, ich muss im Raum greifen und spielen – um Raum und Räumlichkeit dann auch auf dem Papier, zum Beispiel als Zeichnung darstellen zu können.

Wenn wir Raumbewusstsein entwickeln und uns im Raum bewegen und dort mit Gegenständen hantieren können, dann fällt es uns deutlich leichter, auch auf einem zweidimensionalen Blatt bei geometrischen Aufgaben oder im Kunstunterricht Raum zu erfassen, zu beschreiben und zu gestalten. Aber gerade solche dreidimensionalen Erfahrungen bringen heute viele Kinder nicht mehr mit. Sichtbar werden kann diese Problematik in der vierten Klasse der Grundschule beim Zeichnen von Würfeln. Dazu bedarf es, wenn auch sehr vereinfacht, der räumlichen Darstellung. Wurde die verkürzte Perspektive nie erspürt, dann ist es für die Schüler sehr schwer, wenn nicht sogar nicht unmöglich, eine perspektivische Darstellung zu zeichnen.

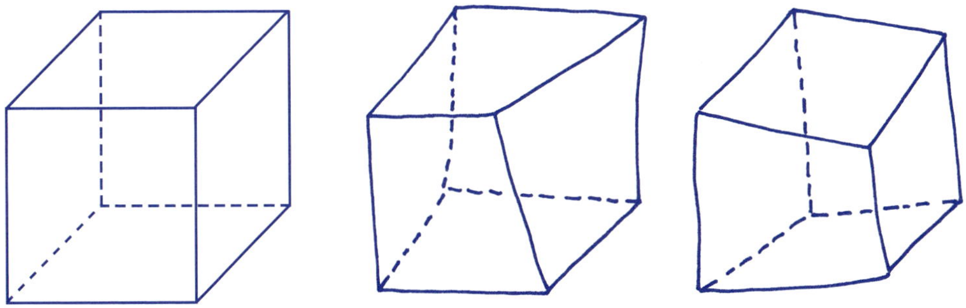

Dieser Schritt – also die Erfahrung von Raum auf der Körperebene als Voraussetzung für die Wahrnehmung und Darstellung von Räumlichkeit auf der Schreibebene – wird bei vielen herkömmlichen Lernhilfen nicht gemacht. Die Hilfen bleiben beim vermehrten Üben der Aufgaben in der Zweidimensionalität.

Das KLIPP und KLAR-Lernkonzept arbeitet an den Ursachen und beschränkt sich nicht auf die Symptome, es „akzeptiert", dass ein Lernwerkzeug nicht genügend ausgebildet ist. Sicher gehört auch etwas Mut dazu, mit Schülern von vielleicht zehn Jahren wieder auf die Körperebene zurückzugehen und dort zu arbeiten, zum Beispiel mit simplen Ballspielen. Aber nur mithilfe der Erfahrung und Wahrnehmung von Räumlichkeit auf der Körperebene, auch wenn sie jetzt erst nachgeholt wird, kann die Basis geschaffen werden, um diese Teilleistung auch für den Einsatz in der Schreibebene erfolgreich auszubilden.

Körperkurs
+ PR-Text

6 Die vier Grundpfeiler des Lernprozesses: welche Lernwerkzeuge vorhanden sein sollten

Es gibt vier Lernwerkzeuge, die für jeden Lernprozess erforderlich sind. Das sind ein ausreichend hohes Energieniveau, entwickelte Wahrnehmungsebenen, die Integration der Gehirnhälften und die Verfügbarkeit visueller Fähigkeiten. An anderer Stelle habe ich diese vier Grundpfeiler auch als Fähigkeiten, Teilleistungsfähigkeiten und als Voraussetzungen dafür bezeichnet, überhaupt lernen zu können. Diese vier Lernwerkzeuge gehören in jede Werkzeugtasche. Sie werden im Folgenden detailliert erklärt.

6.1 Energieniveau

Nur wenn ein genügend hohes Energieniveau vorhanden ist, kann man lernen. Die Physik beschreibt Energie als die Fähigkeit, Arbeit zu verrichten. Das heißt aber noch nicht, dass auch tatsächlich gearbeitet wird, sondern nur, dass überhaupt die Möglichkeit oder die Voraussetzung zum Arbeiten gegeben ist. Für das Lernen, das ja eine Form von Arbeit darstellt, benötigt man also ein ausreichend hohes Energieniveau. In der Arbeit in den Lernstudios stellen wir immer wieder fest, dass sowohl träge wie auch vermeintlich hyperaktive Kinder über ein sehr niedriges Energieniveau verfügen.

Kinder, die überaktiv erscheinen, haben sehr oft zu wenig Energie, nicht zu viel! Solche Kinder spüren sich selbst nur wenig, sie merken gar nicht, wie lebendig sie sind und zappeln infolgedessen herum; sie sind geschäftig, um sich selbst zu spüren.

Auch die „Nullbockstimmung“ ist in manchen Fällen nicht ein Motivationsproblem, sondern sie beruht auf einem zu niedrigen Energieniveau.

6.2 Wahrnehmung

Aus der Entwicklungspsychologie wissen wir, dass die Wahrnehmungsfähigkeit schon sehr früh angelegt wird, zum Teil sogar im embryonalen Zustand, aber ständiger Reize bedarf, um sich richtig und vollständig entwickeln zu können. Es geht jedoch nicht nur darum, die einzelnen Wahrnehmungsebenen zu aktivieren, sondern auch deren Verbindung untereinander. Das ist dann erreicht, wenn wir Informationen über alle Kanäle, die uns zur Verfügung stehen, aufnehmen und sie sogar miteinander verknüpfen können.

Welche Wahrnehmungsebenen gibt es?

- Auditive Wahrnehmung: die Wahrnehmung über das Hören
- Visuelle Wahrnehmung: die Wahrnehmung über das Sehen
- Kinestetische Wahrnehmung: die Wahrnehmung über das Fühlen, Greifen oder Ertasten, das Riechen, Schmecken und Handeln.

Wie funktionieren die Wahrnehmungskanäle?

Die verschiedenen Kanäle lassen sich am Beispiel eines Radios ganz gut beschreiben. Ein Radio kann nur das empfangen, worauf es eingestellt ist. Wenn eine bestimmte Sendung auf 104 MHz gesendet wird, das Radio jedoch auf 99,9 MHz eingestellt ist, findet kein Empfang und keine Wiedergabe statt.

So wie das Radio keine Sendungen empfangen kann, die nicht seiner Empfangsfrequenz entsprechen, so hat auch der Mensch mit der Aufnahme von Informationen, die nicht seiner Wahrnehmungsebene entsprechen, Probleme. Das ist anstrengend und erfordert sehr viel Aufmerksamkeit und Energie. Schüler, die zu der Wahrnehmungsebene, über die Informationen vermittelt werden, fast gar keinen Zugang haben, können im Extremfall nahezu nichts aufnehmen und sich merken. Der Unterricht „zieht" an ihnen vorüber und zu Hause wissen sie dann manchmal gar nicht mehr, was in der Schule unterrichtet wurde.

In der Schule erfolgt die Wissensvermittlung sehr oft über das Sprechen der Lehrpersonen und damit über das Zuhören der Schüler. Wenn der auditive Kanal nun aber nicht gut ausgebildet ist, wird viel Lehrstoff über die Köpfe „hinwegziehen".

Auch wenn Ihre Schulzeit schon länger zurückliegt, können Sie sich doch bestimmt noch daran erinnern, dass in der Schule viel auf der auditiven Ebene „gesendet" wird. Indes sind jedoch viele Schüler eher visuell orientiert und Schüler mit Lernschwierigkeiten bevorzugen in den meisten Fällen eine kinestetische Wahrnehmungsebene. Wenn man sich dieser Tatsachen einmal bewusst ist, wird in vielen Fällen sofort klar, warum es Lernprobleme gibt und wie sich diese lösen lassen.

Was passiert, wenn die Wahrnehmung nicht ausreichend ausgebildet wurde oder wenn nicht jene Ebene verfügbar ist, auf welcher in der Schule der Stoff vermittelt wird? Man versteht wenig bis nichts!

Wenn Kinder im Unterricht oder anschließend bei der Lehrerin oder dem Lehrer nachfragen, erklären sie das Ganze vermutlich gerne noch einmal – aber vermutlich auf dieselbe Weise. Für Kinder, die kinestetisch orientiert sind, ist auch wiederholtes Erklären keine Hilfe. Sie sollten die Dinge ergreifen können, damit sie sie auch begreifen können.

Die meisten Lehrerinnen und Lehrer haben oft gar nicht die zeitliche Möglichkeit, den Unterrichtsstoff so aufzubereiten, dass Kinder mit unterschiedlich ausgebildeten Wahrnehmungsfähigkeiten einen gleichermaßen leichten Zugang dazu finden. Außerdem sind viele Lehrer heute mit „Erziehungsaufgaben“ so beschäftigt oder überlastet (Disziplin in der Klasse, Sozialverhalten der Schüler), dass die eigentliche Wissensvermittlung oft zu kurz kommt.

6.3 Integration der Gehirnhälften

Ganzheitliches Lernen ist ebenfalls eine Grundvoraussetzung für Schulerfolg. Sobald ein Teil fehlt, ist die Chance zu lernen mehr oder weniger stark eingeschränkt. Wir haben bereits ein Beispiel dafür genannt: beim Wort „M ... a ... m ... a“ kommt es auf den Blick für alle Einzelheiten *und* auf den Blick für das gesamte Wort an (siehe Seite 21).

Das ganzheitliche Lernen, also die Verbindung zwischen rationalen und intuitiven, zwischen analytischen und holistischen Fähigkeiten, erfolgt durch die Integration der beiden Gehirnhälften, die so genannte „Verschaltung“ der Hemisphären. Auch die Merkfähigkeit wird davon beeinflusst, da der Kurzzeitspeicher sich mit dem Langzeitspeicher verbinden muss, wenn man Informationen abspeichert. Wenn der Schüler nur Zugriff auf den Kurzzeitspeicher hat, wäre das, als ob er eine ganze Seite in den Computer eintippt, dann den PC kurz ausschaltet und beim Wiedereinschalten nichts mehr auf dem Monitor sieht, weil eben auch nichts gespeichert wurde. Nur wenn Informationen abspeichert werden, ist es möglich, sie später auch abzurufen. Dazu ist der Schüler nur mit einer guten Integration der Hemisphären fähig.

6.4 Visuelle Fähigkeiten

Manchen Kindern bereitet bereits ihre Augenbewegung große Probleme. Ihnen wird schwindlig, die Augen tränen, manchen wird bei bestimmten Augenübungen sogar übel. Wenn solch einfache Augenbewegungen bereits ein Problem darstellen – und das tun sie leider häufig! –, wie sollen die Kinder dann noch Freude am Lesen haben, Lesefertigkeiten entwickeln oder gar Inhalte gut aufnehmen können?

Zu den visuellen Fähigkeiten zählt auch, dass jede Blickrichtung leicht aufgesucht werden kann. Wenn es blockierte Blickfelder gibt, wenn ein Kind zum Beispiel nicht gut nach links oder rechts oben schauen kann, dann wird es beim Abschreiben von der Tafel in Richtung dieses blockierten Blickwinkels mehr Fehler machen. Für das Abschreiben von der Tafel muss der Schüler auch mit den Augen fixieren können, also auf einem bestimmten Punkt für einen gewissen Zeitraum verharren. Bereitet dies Probleme, muss das Kind sehr häufig hinschauen und mit den Augen mehrmals den Weg von der Tafel zum Heft „machen“, bevor es richtig abschreiben kann.

7 Weitere Werkzeuge des Förderprogramms: ein erster Überblick

Wir haben nun gesehen, dass ohne das richtige körperliche und geistige „Handwerkszeug“ Lernprozesse nicht erfolgreich absolviert werden können. In diesem Kapitel werden neben den vier Grundwerkzeugen weitere wichtige Lernwerkzeuge aufgezählt und erklärt.

Hand-Augen-Koordination

Die Hand-Augen-Koordination ist nicht nur generell für viele Lernprozesse, sondern auch speziell für das Erfassen mathematischer Grundbegriffe von großer Bedeutung. Mathematisches Denken beginnt auf der Stufe des konkreten Handelns: Zunächst zählt das Kind nämlich, indem es mit dem Finger oder der Hand auf Gegenstände deutet oder sie berührt. Wenn drei Gegenstände auf dem Tisch liegen, die Handbewegungen aber unkoordiniert oder ungenau sind und das Kind vier oder fünf Mal zeigt oder berührt, wird es mitunter auch nicht bis drei, sondern vielleicht bis vier oder fünf zählen. Auf dieses Detail wird im Abschnitt über die Grundstufen des mathematischen Denkens (ab Seite 115) näher eingegangen.

Ein besonderes Problem bei einer mangelhaft ausgebildeten Hand-Augen-Koordination, das in der Grundschule häufig auftritt, besteht darin, dass manche Kinder die Zahlen nicht richtig untereinander oder auf eine Linie schreiben und dadurch viele Rechenfehler machen. Ein Beispiel: 347 • 32 = ?

Bei einer Schreibweise, bei der alle Zahlen genau und richtig übereinander stehen, können die einzelnen Ziffern der Multiplikationsaufgabe richtig addiert werden.

347 • 32	347 • 32	347 • 32	347 • 32
1041	1041	1041	1041
694	694	694	694
11104	104794	17314	

Kann man jedoch aufgrund der Schreibweise nicht gut erkennen, welche Ziffern zusammengehören, dann schleichen sich schnell Rechenfehler ein. Solch eine Schreibweise führt dann zu den „abenteuerlichsten“ Ergebnissen, zum Beispiel zu 17314 oder 104794. Schüler und Eltern kennen sicher solche Korrekturen (vgl. das rechte Beispiel), mit denen die Lehrerin oder der Lehrer auf die richtige Zuordnung der Ziffern hinweist.

Die einfachste Hand-Augen-Koordination findet direkt über die Berührung mit der Handfläche statt, wie es beim Werfen oder Fangen eines Balles geschieht. Am leichtesten fällt uns diese Koordination mit der eigenen Handinnenfläche. Schwieriger wird sie, wenn man zum Beispiel Tischtennis spielt, weil die Fläche, mit der ein Ball getroffen werden soll, weiter von der Hand entfernt ist; beim Federball oder Tennis ist die Herausforderung noch größer. Beim Golf ist die Hand-Augen-Koordination zwischen Hand und Ball sehr schwierig, weil die Schlagfläche des Schlägers noch weiter entfernt ist. Tischtennis, Federball, Tennis und Golf sind sportliche Tätigkeiten, die also gut dazu geeignet sind, die Hand-Augen-Koordination zu stärken.

Wahrnehmungskonstanz

Die gleiche Form wird immer wieder erkannt – zum Beispiel die Ziffer 7, der Buchstabe B oder b, ein Rechteck –, auch wenn sie an anderer Stelle und in anderem Zusammenhang auftaucht. Zunächst soll der Schüler lernen, Gleiches als gleich zu erkennen. Erst wenn darin Sicherheit erlangt wurde, kann er beginnen, Unterschiede zu erkennen.

Die Wahrnehmungskonstanz ist eine wesentliche Voraussetzung für den entscheidenden Schritt im Schriftspracherwerb, für die Buchstaben-Laut-Zuordnung. Der gleiche Buchstabe soll immer wieder sicher erkannt und mit dem entsprechenden Laut verbunden werden. Die Buchstaben-Laut-Zuordnung ist eine wichtige Lesestrategie, die es uns ermöglicht, alle Begriffe zu lesen – auch diejenigen, die wir noch nicht kennen –, indem Buchstabe für Buchstabe „lautiert“, also ausgesprochen wird.

Beim Rechnen ist die Wahrnehmungskonstanz Voraussetzung für das Wiedererkennen von gleichen Mengen, Ziffern, Rechenzeichen, Flächen und Körpern. Das folgende Beispiel illustriert die Mengenkonstanz:

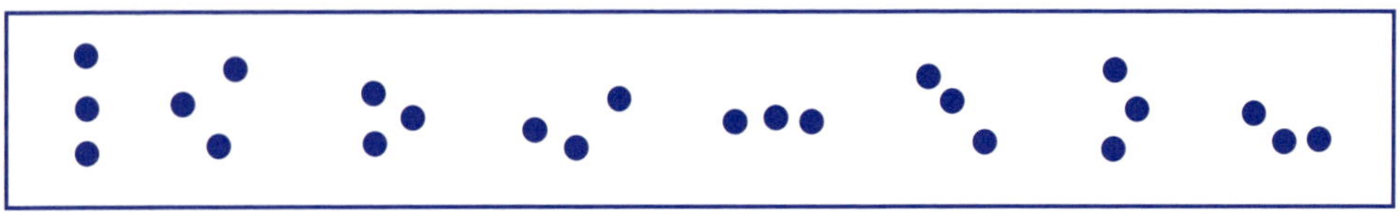

Differenzierungsfähigkeit

Die Differenzierungsfähigkeit hilft uns, Unterschiede wahrzunehmen. Auch dann, wenn sich Dinge, Formen, Buchstaben, Wörter, Ziffern, geometrische Figuren usw. ähneln, sie aber nicht genau gleich sind, bewirkt die Differenzierungsfähigkeit, dass wir die Unterschiede feststellen können. Für das Schreiben brauchen wir die Differenzierungsfähigkeit zum Beispiel bei der Unterscheidung der Buchstaben *b* und *d*, *p* und *q*, *P* und *R*, *B* und *D* usw., beim Rechnen benötigen wir sie zum Unterscheiden von Mengen und zum Unterscheiden von Ziffern:

b d   p q   P R   B D   6 9

Selektive Aufmerksamkeit

Unter der selektiven Aufmerksamkeit versteht man eine gerichtete Aufmerksamkeit mit entsprechenden Vorgaben. Die Vorgabe für das folgende Bild lautet: Suche den Kakadu!

Beim Rechnen unterstützt die selektive Aufmerksamkeit zum Beispiel den Blick auf den Stellenwert, damit man beim Addieren nicht die Einer- und Zehnerstellen verwechselt. Das kann zwar auch ein Verständnisproblem sein, aber ebenso am Mangel selektiver Aufmerksamkeit liegen. Man schaut zwar hin, aber die Aufmerksamkeit „verrutscht" und man kann sich nicht erinnern, ob eine Ziffer schon gesehen und gezählt wurde oder nicht. Ein Beispiel:

$$\mathbf{23 + 45 = ?}$$

Zunächst richten wir die Aufmerksamkeit auf die Einerstellen:

$$\mathbf{2\underline{3} + 4\underline{5} = \ \underline{8}}$$

danach erst auf die Zehnerpositionen:

$$\mathbf{\underline{2}3 + \underline{4}5 = \underline{6}8}$$

(Falls die Addition über 9 hinausgeht, wird noch ein zusätzlicher Rechenprozess zwischengeschaltet.)

Bewegungsrichtungen

Die Verfügbarkeit der Schwungrichtung im und gegen den Uhrzeigersinn ist eine wesentliche Voraussetzung für die Schreibfertigkeit.

Bei der Druckschrift werden Buchstaben, die einander sehr ähnlich sind, mit unterschiedlicher Schwungrichtung geschrieben.

Schreiben wir in der Verbundschrift, so wechseln wir ständig die Schwungrichtung.

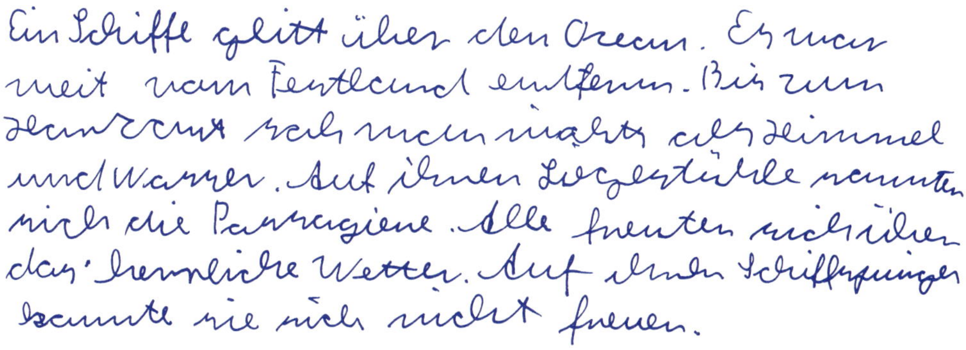

Steht eine der beiden Schwungrichtungen nicht zur Verfügung,
kann kein ordentliches Schriftbild entstehen.

Serielles Arbeiten

Hiermit ist das Arbeiten in einer ganz bestimmten, festgelegten Reihenfolge gemeint, wie es zum Beispiel beim Multiplizieren durchgeführt wird: 3732 • 475.

Zuerst wird mit der Zahl multipliziert, die im Multiplikator den höchsten Stellenwert hat; beim folgenden Beispiel beginnt man also mit der 4. Dann multipliziert man mit der nächsten Zahl im Stellenwert; beim Schreiben rückt man jeweils um eine Stelle nach rechts usw.

```
 3732 • 475      3732 • 475      3732 • 475      3732 • 475
14928           14928           14928           14928
                 26124           26124           26124
                                  18660           18660
                                                1772700
```

Das serielle Arbeiten unterstützt die Kinder auch beim Aufbau von Zahlenreihen:

1, 2, 3, 4, 5, 6, ...

Die Reihe der natürlichen Zahlen

2, 4, 6, 8, 10, ...

Die Reihe der geraden Zahlen

10, 20, 30, 40, ...

Die Reihe der Zehnerzahlen

Strukturieren

Hier geht es darum, Strukturen zu erkennen, sowohl an der Oberfläche von Dingen, also deren Beschaffenheit und Aufbau bewusst wahrnehmen (z.B. Laub, Rinde, Stoff, Marmor), als auch im Inneren, wie bei der Struktur eines Aufsatzes oder beim Zahlenaufbau. Das Erkennen von Strukturen ist die Voraussetzung für den Aufbau von Strukturen.

Ein Aufsatz benötigt eine Einleitung, einen Hauptteil und einen Schluss. Beim Zahlenaufbau geht es um die innere Struktur der dekadischen Einheiten, also des Zehnersystems oder Dezimalsystems, aus dem sich sowohl die größeren Einheiten (Hunderter, Tausender usw.) wie auch die kleineren (Zehntel, Hundertstel usw.) ableiten.

Klassifizieren

Dies bezeichnet die Fähigkeit, Elemente unter einem Oberbegriff zusammenzufassen, sofern sie den Kriterien des Oberbegriffs entsprechen. So wird beispielsweise nach einem Auswahlkriterium klassifiziert: alle Spielsteine, die blau sind; alle, die blau und klein sind. Oder wir klassifizieren nach zwei oder mehr Kriterien: alle Steine, die sowohl blau und klein als auch rund sind. Beim Rechnen klassifizieren wir zum Beispiel alle geraden und alle ungeraden Zahlen in jeweils einer Gruppe von Zahlen. In der Sprache klassifizieren wir Hauptwörter, Eigenschaftswörter usw. in jeweils einer Gruppe von Wörtern, was wiederum Voraussetzung für den Aufbau der Rechtschreibkompetenz ist.

Visualisieren

Heutzutage fällt es vielen Schülern schwer, Bilder „zu sehen“, also in der eigenen Vorstellung eine Bilderwelt entstehen zu lassen. Das liegt auch daran, dass viel zu selten vorgelesen wird, denn dabei stellen sich die Kinder die Figuren ja noch selbst vor. Stattdessen gibt es zu gehörten Texten gleich konkrete Vorgaben: im Fernsehen, bei Gameboy- und Handyspielen und in Comics. Zu den gesprochenen Inhalten werden die Bilder direkt mitgeliefert. Wer jedoch keine Bilder „sehen“ oder sich ausdenken kann, bekommt Probleme beim Geschichtenerzählen oder Aufsatzschreiben, da immer zuerst ein Bild vorhanden sein sollte, bevor mit dem Schreiben begonnen werden kann.

Beim Rechnen benötigt der Schüler die Fähigkeit des Visualisierens, wenn er von der Stufe des konkreten Handelns auf die Stufe der grafischen Darstellung oder auf die Stufe des Arbeitens mit Symbolen kommen möchte, da auf diesen höheren Stufen des mathematischen Denkens viele Rechenabläufe lediglich in Gedanken vollzogen werden können.

Kodieren und Dekodieren

Darunter versteht man die Fähigkeit, Inhalte ver- und entschlüsseln zu können. Kinder müssen damit umgehen können, dass Buchstaben, Ziffern und Rechenzeichen nur Platzhalter für etwas anderes sind.

Ein Beispiel für das Kodieren und Dekodieren bei Ziffern: Die Menge ●●●●● wird mit dem Zahlwort 5 „verschlüsselt". Wenn ich nun die Zahl 5 sehe, muss ich damit auch die Menge fünf verbinden können.

Ebenso sind Buchstaben „Platzhalter", nämlich für Laute. Es geht darum zu verstehen, dass ich Laute, die ich höre, niederschreibe, indem ich sie in Symbole und Zeichen umsetze. Wenn sich Kinder Geheimschriften ausdenken, wie das früher recht weit verbreitet war, dann üben sie dabei automatisch, zu kodieren und zu dekodieren.

Mengenauffassung

Hierbei geht es um den allgemeinen Mengenbegriff, das simultane Erfassen von Mengen, um die Mengenkonstanz und Mengenvarianz. Außerdem gilt es, eine Mengenauffassung aufzubauen und zu automatisieren. Mengen müssen dabei sowohl als Ganzheit wie auch als Ansammlung einzelner Elemente erkannt werden. Erst diese Voraussetzung ermöglicht uns, die gesamte Menge in beliebige Teilmengen zu zerlegen, damit wir also erfassen, dass 7 sowohl 1 + 6 wie auch 2 + 5 und 3 + 4 ist.

Orientierung im Zahlenraum

Bevor man in einem Zahlenraum rechnen kann – zum Beispiel von 1 bis 10 oder von 1 bis 20 –, sollte sich das Kind in diesem Raum gut zurechtfinden können. Das bedeutet, dass es von jeder beliebigen Zahl auf- und absteigend zählen kann: 7, 8, 9, 10 ... oder ... 7, 6, 5, 4, 3, 2, 1. Es ist wichtig, dass es von jeder Zahl die unmittelbaren Nachbarn kennt, dass also 7 zwischen 6 und 8 liegt; aber auch die weiter entfernten Nachbarn wie 5 und 9 sollten bekannt sein.

Sich das Wortbild merken

Aufbauend auf der Fähigkeit zur Wahrnehmungskonstanz können Kinder gleiche Wortbilder erkennen, speichern und wieder abrufen, zum Beispiel *fahren:*

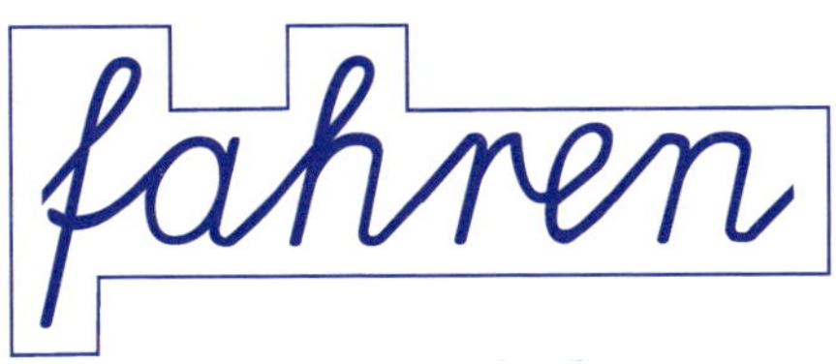

Indem sie sich das Wortbild merken, unterstützt dies die Kinder beim Aufbau ihrer Rechtschreibkompetenz und beim Lesenlernen. Kurze Wörter werden dann beim Lesen nicht mehr Buchstabe für Buchstabe gelesen oder „lautiert“, sondern als Wortbild ganzheitlich erfasst und ausgesprochen. Das Lesen wird damit beschleunigt.

Zerlegen in Anfangs-, Grund- und Endbausteine

In dem Wort „Verbundenheit“ finden wir die Vorsilbe *Ver*, also den Anfangsbaustein, *bunden* ist der Grundbaustein, der in diesem Fall aus zwei Silben besteht, und *heit* ist die Endung oder der Endbaustein. Wenn man erfasst hat, dass Wörter sich in vielen Fällen aus einzelnen Teilen zusammensetzen und man diese Teile einzeln gespeichert hat, dann fallen Lesen, Schreiben und Rechtschreiben deutlich leichter.

C Die praktische Anwendung des **KLIPP und KLAR-Förderprogramms**

Einführung

Nachdem die wesentlichen Zusammenhänge vorgestellt wurden, werden im nun folgenden ausführlichen Praxisteil die konkreten Probleme, die Sie aus dem Alltag von Grundschülern kennen, behandelt – die Probleme beim Lesen, Schreiben und Rechnen.

- Beim *Schreiben* geht es um Schreibfertigkeiten, um den Schreibfluss, die „schöne Schrift" selbst, das Geschichtenschreiben und um die Rechtschreibung.
- Beim *Lesen* konzentrieren wir uns auf das Kennenlernen verschiedener Lesestrategien, die man jeweils einzeln beherrschen muss, um sie variabel einsetzen zu können.
- Beim *Rechnen* sind für alle Rechenarten die Stufen des mathematischen Denkens wichtig (wie konkretes Handeln, grafische Darstellung, Arbeiten mit Symbolen), und der Mengenbegriff. Außerdem wird das Rechnen über den Zehner und das Lösen von Sachaufgaben behandelt.

In allen drei Bereichen werden typische Probleme behandelt und Lösungshilfen beschrieben. Sie finden Test- und Arbeitsblätter mit Übungsvorschlägen, um fehlende Teilleistungsfähigkeiten zu erkennen, diese zu stärken oder auszubilden.

Zunächst wenden wir uns jedoch der Bestandsaufnahme zu. Wir wollen ermitteln, ob der Schüler über eine Basis für das Lernen verfügt und wo seine Reserven liegen. Aufbauend auf diese Überlegungen kann eine individuelle Lernstrategie entwickelt werden. Sie stellt für den Schüler eine Soforthilfe dar, die es ihm ermöglicht, leichter, schneller und effizienter zu lernen. Auch das Förderprogramm baut auf der Auswertung der Bestandsaufnahme auf und soll dem Schüler langfristig bessere Voraussetzungen für Lernprozesse erschließen.

8 Soforthilfe

Soforthilfe bedeutet, dass wir dem Kind helfen, unabhängig davon, welche Voraussetzungen es überhaupt mitbringt. In diesem Kapitel stelle ich Ihnen praktische Methoden vor, die es dem Kind ermöglichen, unmittelbar sichtbare Verbesserungen und Lernerfolge zu erleben. Durch diese Soforthilfe werden die Ursachen von Lernproblemen noch nicht oder zumindest nicht vollständig aufgelöst. Das nimmt meist etwas mehr Zeit in Anspruch. Aber ein Anfang ist gemacht und das Lernen kann leichter und schneller ablaufen.

Als Erstes stellen wir fest: Was steht dem Kind zur Verfügung? Hier spielen die vier Grundsäulen wieder eine entscheidende Rolle:

- Über welche Energie verfügt das Kind?
- Welche Wahrnehmungskanäle kann es besonders gut nutzen?
- Wie gut ist die Integration der Hemisphären?
- Über welche visuellen Fähigkeiten verfügt das Kind?

Mithilfe der folgenden informellen Verfahren kann selbstverständlich nicht endgültig festgelegt werden, welcher Lerntyp vorliegt. Sie bieten aber wichtigen Hilfestellungen und geben den Eltern eine Chance, neue Aspekte zu erkennen und die Lernproblematik ihres Kindes unter einem anderen Blickwinkel zu sehen.

Energieniveau

Das Energieniveau ist für uns alle von zentraler Bedeutung. Ohne Energie geht bekanntlich nichts, vor allem aber ist sie wichtig für Kinder beim Lernen. Beim Lernen erfordern verschiedene Aufgaben ein unterschiedliches Maß an Energieeinsatz. Je nachdem, welche Teilleistungsfähigkeiten mehr oder weniger stark entwickelt sind, benötigt das Kind für das Lesen viel Energie, für das Abschreiben aber wenig. Einem anderen fällt das Rechnen hingegen schwer, aber das Hausaufgabenmachen leicht.

Wenn ein Kind wenig Energie hat, wird es die Tätigkeit, die ihm schwer fällt, für die es also viel Energie benötigt, nicht so gerne ausüben. Es wird mit seiner wenigen Energie aber das, was ihm leicht fällt oder was es gerne mag, immer noch gut machen können.

Um also herauszufinden, wie hoch oder niedrig das Energieniveau des Kindes ist, fragen wir nach, wie es um Trinken (Wasser!), Bewegung und Ernährung bestellt ist.

Kommt das Kind müde und erschöpft von der Schule nach Hause oder ist es aufgekratzt oder sogar überdreht? Möchte es gleich mit den Hausaufgaben beginnen oder will es Zeit schinden? Kinder, die nicht sofort anfangen, sind nicht unbedingt faul, sondern wollen und müssen erst einmal ihre Batterien wieder aufladen. Sie brauchen eine Pause und spüren das auch. Was macht das Kind in der Freizeit? Treibt es aktiv Sport, spielt es ein Musikinstrument, fährt es Rad? Schaut es viel Fernsehen und lässt sich berieseln oder sitzt es am liebsten vor einem Computerspiel?

Energieniveau erhöhen durch Trinken und Ernährung

Ganz wichtig ist, genügend Wasser zu trinken. Der Mensch besteht bekanntlich zu etwa drei Vierteln aus Wasser. Wasser ist ein guter Leiter für elektrische Energie. Zwischen Gehirn und Sinnesorganen und im gesamten Körper müssen ständig Informationen bioelektrisch übermittelt werden. Je besser die Leitfähigkeit der Bahnen ist, umso erfolgreicher ist auch die Übermittlung. Wasser aktiviert das Gehirn, verbessert die Konzentrationsfähigkeit und erhöht das Energieniveau generell.

Kindern kann man die Notwendigkeit des Wassertrinkens recht gut am Beispiel einer Autobatterie erklären: Wenn genügend destilliertes Wasser, also reines Wasser, in der Batterie vorhanden ist, kann sie Strom erzeugen und abgeben. Wenn das Wasser stark verunreinigt oder fast nicht mehr vorhanden ist, stellt die Batterie ihre Funktion nach und nach ein. Dieses Beispiel hilft übrigens auch zu verdeutlichen, warum sich Cola oder Limonade nicht als Wasserersatz eignen: Der „Körperbatterie" steht dann nämlich nicht mehr genügend reines Wasser zur Verfügung.

Eine weitere Voraussetzung, um das Energieniveau anzuheben, ist die bewusste Ernährung. Sie sollte vitalreich sein, viel Vollkorn und reichlich Obst enthalten. Wichtig ist, dass Eltern kompromissbereit sind und ihre Kinder zu nichts zwingen. Man kann auch ein Pausenbrot mitgeben, das unten aus einem halben Brötchen und oben aus einer Vollkornscheibe besteht.

Regelmäßige Mahlzeiten, vor allem das Frühstück, sind entscheidend für das Energieniveau. Der Magen ist nach den Erkenntnissen der chinesischen Medizin und der so genannten Organuhr von 6 bis 8 Uhr am aktivsten; das ist also die beste Zeit, um mit einem guten Frühstück den Tag zu beginnen.

Außerdem ist es wichtig, den Zuckerkonsum zu reduzieren (und durch Obst zu ersetzen), sowie nach 15 Uhr nichts Rohes mehr zu essen. Forschungen belegen, dass außerdem Zink für rationales Denken wichtig ist (Krebs 2004). Eine ausgewogene Versorgung mit Vitaminen und Mineralstoffen sollte in diesem Zusammenhang ebenfalls bedacht werden. Unser Stoffwechsel funktioniert ohne eine ausreichende Zufuhr solcher Vitalstoffe nicht sehr gut. Er wird träge und in der Folge verfügen wir über weniger Energie. Es ist am besten, dem Körper diese Vitalstoffe über ausgewählte Lebensmittel zuzuführen, wie Vollkornflocken, Vollkorngetreide, Gemüse, Salate, Nüsse, hochwertige Öle.

Manche Kinder essen mit besonderer Leidenschaft das, was sie nicht vertragen, und nähren dadurch vielleicht Vorstufen von Allergien – und Allergien binden sehr viel Energie. Bei Verdacht auf Lebensmittelunverträglichkeiten sollte man das deshalb untersuchen lassen. Unverträglichkeiten sind möglicherweise versteckte Allergien, die zu Unruhe, Gereiztheit und mangelndem Konzentrationsvermögen führen. Wer mehr darüber wissen möchte, kann dies in dem Buch *Allergie und der Weg, sich in wenigen Minuten davon zu befreien* nachlesen (Scott und Goss 2005).

Energieniveau erhöhen durch Bewegung und Aktivierung der Meridiane

„Wer rastet, der rostet", sagt ein bekanntes Sprichwort. Viel Bewegung erhöht das Energieniveau. Ohne Bewegung werden wir immer kraftloser. Überkreuzbewegungen, kurze Gymnastikübungen, Ballspiele oder Spaziergänge (alleine oder beispielsweise mit einem Hund) schaffen Abhilfe.

Energie läuft in Bahnen, in so genannten Meridianen. Es gibt bestimmte Akupressurmethoden und Klopftechniken, die den Energiefluss stimulieren können. Ein anschauliches Bild, das auch Kindern hilft zu verstehen, warum man solche Techniken anwendet, ist beispielsweise eine Schnur. Wenn eine Schnur locker herunterhängt und am oberen Ende Wasser darauf getropft wird, dauert es ziemlich lange, bis unten der erste Wassertropfen herunterfällt. Wenn die Schnur jedoch straff gespannt wird, tropft das Wasser viel rascher an der Schnur entlang nach unten.

Akupressur- und Klopfmethoden sorgen dafür, bildlich gesprochen, dass die Energiebahnen wieder gestrafft werden und Energie besser leiten können. Wirksam ist, die Anfangs- und Endpunkte der Meridiane, besonders des Zentralgefäßes, sanft zu drücken oder mit zwei Fingerspitzen zu klopfen (verläuft vom Schambein bis unterhalb der Unterlippe).

Eine Alternative ist das großflächige Meridianklopfen. Dabei klopft man jeweils drei Mal mit der flachen Hand von den Schultern ausgehend auf der Innenseite der Arme bis zu den Händen abwärts, danach auf der Außenseite wieder nach oben zur Schulter.

Als Nächstes klopft man mit den Fingerspitzen großflächig auf den Kopf, besonders links und rechts der Mitte des Oberkopfes. Von dort aus bewegt man sich zum seitlichen Oberkörper hinunter und klopft großflächig auf der Außenseite bis ganz nach unten zu den Füßen. Anschließend klopft man auf der Innenseite der Beine über den Bauch bis zur Mitte des Brustraumes wieder nach oben; das Ganze ebenfalls drei Mal. Diese Übung wird beendet, indem man mit den Fingerspitzen sanft auf die Thymusdrüse (am oberen Ende des Brustbeins) klopft.

Emotionale oder mentale Energieblockade

Neben Wasser- und Bewegungsmangel oder ungenügender Ernährung gibt es noch eine weitere mögliche Ursache für ein schwaches Energieniveau. Es kommt vor, dass sich Kinder (und auch Erwachsene) blockieren, weil sie meinen, etwas nicht zu können, „dumm“ oder „ungebildet“ zu sein. Wir bilden uns etwas ein, wir stellen uns verfälschende Selbstbilder vor und entwickeln Glaubensmuster, die unsere Energie blockieren.

In Wirklichkeit sieht es aber so aus, dass Kinder bei Lernschwierigkeiten prinzipiell nicht zu dumm zum Lernen sind, sie bestimmte Teilleistungsfähigkeiten jedoch einfach (noch) nicht entwickelt haben. Wenn sie erleben, dass sie Dinge können, die sie sich bisher gar nicht zugetraut haben, dann fließt ihre Energie auch wieder besser.

Was den mentalen Aspekt betrifft, so möchte ich noch eine Beobachtung schildern: In den Lernstudios stellen wir immer wieder fest, dass Kinder, die Gleichgewichtsprobleme haben, sich auch sehr unsicher fühlen und sich nur wenig zutrauen. Infolgedessen fühlen sie sich zum Beispiel auch in Prüfungssituationen unsicher. Arbeiten wir mit diesen Kindern an der Verbesserung ihres Gleichgewichts, so stellt sich auch eine deutliche Verbesserung ihres Selbstvertrauens und ihres Lernerfolgs ein. Einfache Übungen hierfür sind z.B. auf einem Baumstamm zu balancieren, auf einem Bein oder einem Balancekreisel zu stehen (eine Halbkugel, auf der eine Scheibe befestigt ist, die Platz für die Füße bietet), und das Gleichgewicht zu halten.

Grundprogramm zur Anhebung des Energieniveaus

Die auf der folgenden Seite abgebildeten Brain-Gym®-Übungen helfen, das Energieniveau anzuheben.

Wahrnehmung

Lernschwache Kinder haben oft die Schwierigkeit, dass ihnen die Dinge zwar mehrfach erklärt werden, sie aber trotzdem gar nicht mitbekommen, worum es geht. Ebenso wie bei einem Radio die Wahl der Sendefrequenz wichtig ist, um ein bestimmtes Programm zu empfangen, so ist es für Schüler entscheidend, dass der Lehrstoff sie auf dem Kanal erreicht, der „offen“ ist.

Wir müssen also zunächst herausfinden, auf welchem Kanal ein Kind Informationen besonders leicht oder gut empfängt. Einen guten Hinweis darauf kann eine Reizwortliste liefern. Der Lerntrainer nennt ein Wort und das Kind antwortet spontan. Er fragt beispielsweise: „Was fällt dir zu dem Wort *Smarties* ein?“ Mögliche spontane Reaktionen des Kindes sind:

Grundprogramm zur Anhebung des Energieniveaus

GEHIRN-KNÖPFE

Zeige- und Mittelfinger einer Hand berühren den Nabel;
Daumen, Zeige- und Mittelfinger massieren unterhalb des Schlüsselbeins.

Dauer: 1 Minute

ÜBERKREUZ-BEWEGUNG

Mit dem linken Ellenbogen das rechte Knie berühren und umgekehrt.
Dauer:
mindestens 20-mal

HOOK-UPS

Phase 1:

Beine überkreuzen, Arme ausstrecken, Handrücken berühren einander, dann kreuzen und Finger verschränken und mit einer Drehung zur Brust bringen.
Dauer: 1 Minute

Phase 2:

Arme und Beine entkreuzen, Fingerkuppen der rechten und Fingerkuppen der linken Hand aneinander bringen.
Dauer: 1 Minute

- „Viele, viele bunte Smarties!“ Reagiert das Kind als Erstes mit der Melodie des Werbespots, dann wäre dies vor allem ein auditiver Bezug.
- „Schmeckt gut!“ Sagt es, dass es Smarties gerne mag, so weist dies auf einen kinestetischen Bezug hin.
- „Schön bunt!“ Beschreibt das Kind zuerst die Farben, dann ist ein starker visueller Bezug vorhanden.

Reizwortliste zur Ermittlung der Wahrnehmungsebene

So verwenden Sie die Reizwortliste auf der folgenden Seite:

- Lesen Sie jeweils ein Wort nach dem anderen vor. Bitten Sie das Kind, darauf spontan mit einem eigenen Wort zu reagieren.
- Diesen spontan genannten Antwortbegriff notieren Sie in der ersten Spalte.
- Wenn alle Begriffe vorgelesen wurden und Sie jeweils eine spontane Antwort notiert haben, machen Sie in der zutreffenden Spalte rechts davon ein Kreuz.

Die Spalte, in der die meisten Kreuze stehen, zeigt, zu welcher Wahrnehmungsebene das Kind besonders guten Zugang hat. Wünschenswert wäre es, wenn das Kind bei mindestens zwei der drei Wahrnehmungsebenen gute Möglichkeiten hat, Informationen aufzunehmen. Kann ein Kind nur auf einem einzigen Kanal, auf einer Wahrnehmungsebene, Informationen gut aufnehmen, so kann man daraus schließen, dass es alle Aufgaben mit lediglich dieser einen Fähigkeit bewältigen muss, da die beiden anderen Kanäle nicht richtig empfangsbereit sind.

Eine andere Möglichkeit, bevorzugte Wahrnehmungsebenen festzustellen, ist, nach der Märchenfigur zu fragen, die ein Kind gerne sein würde, oder nach einem Tier. Bei der Antwort ist auf die Wortwahl des Kindes zu achten.

Man fragt zum Beispiel: „Was möchtest du gerne sein?“ Ein Mädchen nennt nun die Prinzessin. Dazu erklärt sie beispielsweise: „Sie sieht schön aus!“, oder: „Sie hat ein glänzendes Kleid!“. Oder es antwortet auf die gleiche Frage mit „Pumuckl“ und beschreibt, was der kleine Kobold des Schreinermeisters alles macht. Der erste Fall liefert einen Hinweis auf die visuelle Wahrnehmungsebene, der zweite auf die kinestetische.

Wird nach einem Tier gefragt, nennt ein Kind vielleicht den Adler, ein anderes die Katze. Die Begründung lautet dann unter Umständen, dass der Adler so hoch fliegen kann oder die Katze ein so weiches Fell hat. Beide Aussagen wären Hinweise auf den kinestetischen Kanal.

	Hier das erste Wort des Kindes notieren	visuell	auditiv	kinestetisch		
		ich sehe	höre	fühle	rieche	schmecke
Limo/Cola						
See						
Blumen/ Rosen						
Baum						
Regen						
Traktor						
Gabel						
Glas						
Netz						
Katze						
Fabrik						
Ferien						
Eis						
Maschine						

Soforthilfe auf der individuellen Wahrnehmungsebene

Diese und ähnliche Übungen liefern Anhaltspunkte dafür, auf welchen Wahrnehmungsebenen der Schüler gut angesprochen werden kann und welche Kanäle derzeit eher blockiert sind.

Es ist von Vorteil, wenn mindestens zwei der drei Wahrnehmungsebenen aktiv genutzt werden können. Einer der drei Kanäle wird auch bei Kindern ohne auffällige Lernprobleme dominieren. Bei Kindern mit schweren Lernproblemen kann es jedoch vorkommen, dass nur ein einziger Kanal wirklich offen ist.

Als Soforthilfe können wir dem Kind am besten dadurch helfen, dass wir ihm bewusst alle Informationen nur auf dem Kanal anbieten, der ihm zur Verfügung steht.

■ Soforthilfe für Kinder mit vorwiegend visueller Wahrnehmung

Diese Kinder können sich etwas gut „ausmalen", sie verarbeiten viele Informationen in der intuitiven Hemisphäre, der Gestalthemisphäre. Was sie sehen, können sie gut speichern. Manche verfügen sogar über ein nahezu fotografisches Gedächtnis. Oft wissen sie ganz genau, auf welcher Heftseite und wo genau der Unterrichtsstoff steht, obwohl sie den Inhalt vielleicht gar nicht mehr wiedergeben können. Um diesen Kindern und ihrer Wahrnehmungsweise entgegenzukommen, sollten wir auf folgende Punkte achten.

Formale Hilfen:

- Klare, übersichtliche Anordnung des Stoffes mit deutlich erkennbaren Absätzen.
- Wichtige Stichwörter und Inhalte werden hervorgehoben, z.B. farbig unterlegt.
- Verschiedene Schriftarten und Schriftgrößen kommen zum Einsatz.
- Man schafft Textblöcke und verwendet Übersichtstafeln.
- Überschriften werden in unterschiedlichen Farben gestaltet, um auf Anhieb besser zu erkennen, was zusammengehört.

Zeichnungen und Symbole verwenden:

- „Ein Bild sagt mehr als tausend Worte." Diese Redewendung hat eine tiefer gehende Bedeutung, die sich nicht nur das Fernsehen, sondern auch die Zeitungen längst zunutze gemacht haben.
- Einzelne Erklärungen werden durch Skizzen ergänzt, man malt z.B. den Eiffelturm zu einer Geschichte über Paris.
- Eventuell werden sogar ganze Abschnitte durch Zeichnungen ersetzt.
- Kinder wählen eigene Symbole zu bestimmten Aufgaben oder Informationen aus, die ihnen helfen, sich daran zu erinnern.

Inhaltliche Hilfen:

- Die Schüler legen Zeitleisten an, z.B. für Unterrichtsstoff aus den Fächern Geschichte oder Literatur.
- Bevor Schüler Begriffe z.B. für die Teile eines Motors nennen, stellen sie sich zunächst vor, wie ein Motor aussieht und welche Teile in ihm arbeiten.
- Wenn sie Geschichten hören, stellen sie sich eine passende „Handlungskurve" vor. Geht sie erst aufwärts und fällt dann ab, um gleich wieder anzusteigen? Oder geht es spiralförmig auf die Mitte zu?

Papierfarben und Papierformen:

- Je nach Lernstoff verwenden wir unterschiedliche Papierfarben. Auch die Schrift kann in einer bestimmten Farbe gedruckt oder der Hintergrund eines bestimmten Absatzes farbig gestaltet sein.
- Merkzettel sind in unterschiedlichen Formen gestaltet, z.B. quadratisch, rechteckig, rund, dreieckig usw.

Gedankenkino:

- Manche Kinder können Informationen besser aufnehmen, wenn sie sich eine Art Gedankenfilm ausmalen. Sie stellen sich vor, was als Erstes passiert, was danach und so weiter geschieht, bis ein ganzer „Film" vor ihrem inneren Auge abgelaufen ist.
- Alternativ kann das Kind eine Fotocollage basteln. Dabei stellt es sich die Lerninhalte in Form von einzelnen Bildern oder Symbolen vor, die es in Gedanken zu einem „Gesamtkunstwerk" zusammenfügt.

Bei aller Vielfalt ist jedoch darauf zu achten, dass kein Durcheinander entsteht, weil zu viele Form- und Stilelemente eingesetzt werden.

■ Soforthilfe für Kinder mit vorwiegend kinestetischer Wahrnehmung

Kinder, die überwiegend oder fast nur auf dem kinestetischen Kanal wahrnehmen können, lernen am besten, indem sie eigene Erfahrungen machen. Sie sollten die Möglichkeit haben, über das Fühlen, Spüren, Bewegen und Nachfahren Informationen aufzunehmen. Die Lerninhalte werden vorwiegend mithilfe körperlicher Erfahrung und das Muskelgedächtnis gespeichert. Bei der Informationsverarbeitung wechseln diese Kinder oft die Hemisphären.

Erspüren:

- Tastbuchstaben und Tastziffern: Nur wenn die Kinder Buchstaben und Ziffern erspüren und fühlen können, haben sie eine Chance, diese auch abzuspeichern. Dazu eignet sich ein „Fühlsack" voller Holzbuchstaben und -ziffern, die das Kind durch Hineingreifen mit der Hand erkennt.
- Begriffe erfühlen: Anhand von Holzbuchstaben spürt das Kind, dass ein A eine Spitze hat, ein B einen runden Bauch usw.
- Knetmasse: Die Kinder formen Buchstaben aus Knetmasse.
- Sandpapier: Man schneidet Buchstaben aus Sandpapier aus und klebt sie auf Papier. Die Kinder fahren mit der Hand vorsichtig über die raue Oberfläche. Sie haben nun von der dreidimensionalen fast in die zweidimensionale Ebene gewechselt.

- Eine andere Art, nahezu zweidimensionale Buchstaben zu formen, besteht darin, sie aus Wolle zu formen und auf Papier zu kleben oder mit gelartigen Silikonfarben aus der Tube zu „malen“. Sobald die Buchstaben trocken sind, erfühlt das Kind mit geschlossenen Augen das Wort oder legt ein dünnes Papier darüber und überträgt durch Reiben mit einem Bleistift die leicht erhabene Form der Buchstaben.

Eigenes Handeln:

- Laufdiktat: Sätze aus einem Diktat stehen jeweils einzeln auf einem Blatt, das eine Zahl hat. Die Blätter liegen an verschiedenen Stellen im Raum. Der Schüler geht nun zum ersten Blatt, liest den Satz, geht zurück an seinen Platz und schreibt diesen Satz auf. Dann steht er wieder auf und geht zum zweiten Blatt usw.
- Zuordnungen durchführen: Die Kinder sollen ein Diktat vorbereiten, zum Beispiel zum Thema Autofahren. Nun führen Sie das Öffnen der Tür, Lenkbewegungen, Gasgeben, Bremsen usw. selbst durch, während sie die Geschichte lesen.
- Konkretes Handeln: Um z.B. den Unterschied zwischen Rechteck und Quadrat zu begreifen, brechen die Kinder vier genau gleich lange Hölzchen ab, um damit ein Quadrat zu legen. Danach brechen sie zwei Paar verschieden lange Hölzchen ab, um ein Rechteck zu legen.

Haptische Erfahrungen fördern:

- Mehrmals klatschen oder aus dem Sitzen aufstehen, z.B. um Mengenbegriffe zu verankern: 4 x klatschen oder 7 x aufstehen.
- Buchstaben ablaufen oder nachkrabbeln: Auf dem Fußboden sind Buchstaben groß aufgemalt oder aus Papier ausgelegt. Das Kind läuft sie ab oder krabbelt sie nach.

Einbeziehen weiterer Sinnesorgane:

- Verschiedene Begriffe, die verankert werden sollen, auf unterschiedlich riechende Duftkarten schreiben.
- Begriffe auf unterschiedlich schwere Steine schreiben, die dann abwechselnd in die Hand genommen und gelesen werden.
- Lerninhalte mit symbolischen Gesten darstellen: Beim Lernen ordnet man den einzelnen Inhalten symbolische Gesten zu. Beim Wiederholen der Gesten rufen diese den entsprechenden Lerninhalt im Gedächtnis ab.
- Nonverbal, mit Körpersprache arbeiten: Wichtige Begriffe durch Körpersprache ersetzen. Bei einem Kinderlied wie „Mein Hut, der hat drei Ecken“ ersetzen die Kinder immer mehr Begriffe durch Gesten. Statt „mein“ zeigen sie auf sich, statt „Hut“ deuten sie auf ihren Kopf, statt „drei Ecken“ malen sie ein Dreieck in die Luft. So verankern sich die Begriffe im Körpergedächtnis.

Schüler mit stark ausgeprägter kinestetischer Wahrnehmungsebene brauchen viele Wiederholungen, um sich Lerninhalte über einen längeren Zeitraum merken zu können. Dabei ist es wichtig, die „Funktionslust", die Lust am Üben, am „Tun", aufrecht zu erhalten. Außerdem haben diese Kinder oft einen schlechten Zugang zu Detailwissen. Deshalb sollte man Einzelheiten immer wieder mit ihnen üben.

■ Soforthilfe für Kinder mit vorwiegend auditiver Wahrnehmung

In den vielen Jahren meiner Praxis sind mir sehr wenige Menschen – Kinder oder Erwachsene – begegnet, die Informationen vorwiegend oder nur über den auditiven Kanal aufnehmen, sich merken und lernen. Solche Menschen speichern Informationen chronologisch sequenziell ab, so wie auf einer Kassette die Töne nacheinander folgen und auch nicht gleichzeitig erfasst werden können. Bei einem Bild hingegen ist das anders, weil wir mit einem Blick mehr als eine einzige Information erfassen können.

Auditive Hilfen:

- Besonders wichtige Inhalte oder Schlagwörter werden vorgesprochen. Dadurch verankern sie sich besser im Gedächtnis. Auch das leise Mitsprechen während eines Vortrags ist möglich.
- Der Lehrer beginnt einen Satz, der Schüler wird gebeten, ihn fertig zu sprechen.
- Informationen über Geräusche verankern. Wenn ein stummes *h* erscheint, ertönt eine Hupe; wenn Großschreibung verlangt wird, erklingt ein Gong; wenn *ie* zu schreiben ist (und nicht ei!), dann hört das Kind eine Pfeife.
- Schüttelreime können ebenfalls bei Rechtschreibproblemen helfen, z.B.: „Wer nämlich mit h schreibt, ist dämlich."
- Stoff, der gelernt werden soll, spricht der Schüler auf Kassette und hört sich das Band an.

Ein Problem kann dann entstehen, wenn ein Kind in Gedanken die „ganze Kassette abhören" muss, um zum betreffenden Inhalt zu gelangen, da es so möglicherweise unter Zeitdruck kommt. Diese Kinder scheinen eine „lange Leitung" zu haben. Hier ist einfach etwas mehr Geduld vonnöten. Aber, wie gesagt, Kinder mit dominant auditiver Wahrnehmung sind recht selten.

Die auf der folgenden Seite vorgestellten Brain-Gym®-Übungen helfen, die Wahrnehmung zu aktivieren.

Marienschule

Grundprogramm zur Aktivierung der Wahrnehmung

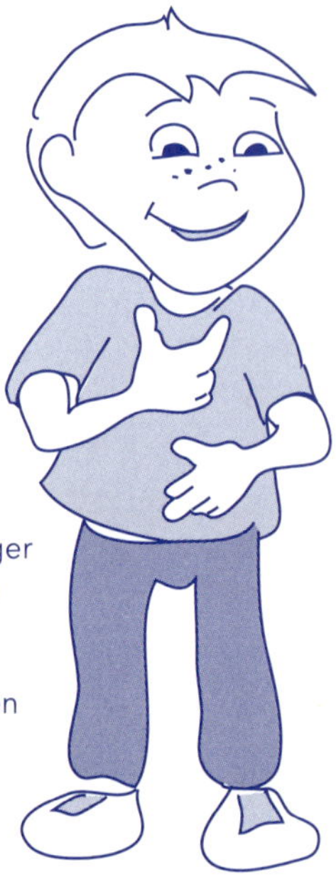

GEHIRN-KNÖPFE

Zeige- und Mittelfinger einer Hand berühren den Nabel;
Daumen, Zeige- und Mittelfinger massieren unterhalb des Schlüsselbeins.

Dauer: 1 Minute

DENKMÜTZE

Die Ränder beider Ohren mit Daumen und Zeigefinger sanft von innen nach außen ziehen.
Am oberen Rand des Ohres beginnen, bis zum Ohrläppchen.
Dauer: ca. 7-mal

LIEGENDE ACHT

Schulterbreit stehen, Arme strecken, Hände zusammen, in Augenhöhe von der Mitte nach links oben beginnend Achterschleifen ziehen.
Dabei mit den Augen die Daumen verfolgen.
Dauer: 10-mal

ELEFANT

Beine schulterbreit stellen. Ohr liegt an der Schulter.
Mit ausgestrecktem Arm Achterschleifen in die Luft zeichnen
Schleife stets von der Mitte nach links oben beginnen.
Armwechsel.
Dauer: je 10-mal

Weitere hilfreiche Spiele für die Aktivierung der Wahrnehmung:

- Memory hilft, die visuelle Wahrnehmung zu schulen.
- Hörspiele (Kassette, CD) fördern die auditive Wahrnehmung.
- Tastspiele (Tast-Memory) stärken die kinestetische Wahrnehmung.

Integration der Hemisphären

Eine gute Integration der beiden Hemisphären, der intuitiven und der analytischen Hemisphäre, ist eine der Voraussetzungen für guten Lernerfolg. Wenn Lernprobleme vorliegen, sollte man deshalb auch prüfen, ob eine mangelhafte Integration die Ursache ist. Diese Schritte werden dabei gemacht:

- Überprüfen, ob eine gute oder eine schwache Integration vorliegt.
- Ist die Integration gut, ist der Grund auf einem anderen Gebiet zu suchen.
- Ist die Integration schwach oder mangelhaft, wird geprüft, welche der beiden Hemisphären dominant ist.
- Nach der Auswertung setzt man entsprechende Soforthilfemaßnahmen ein.

Die beste nachhaltige Fördermaßnahme, auch wenn sie etwas Zeit erfordert, ist selbstverständlich immer die Entwicklung der Integration. Für die Soforthilfe suchen wir jedoch nach Methoden, die unmittelbar wirken und die Lernprobleme direkt spürbar verringern. Zu den einzelnen Punkten folgen nun einige Erläuterungen:

Überprüfen der Integration

Ob eine ausreichend gute Integration vorhanden ist, überprüfen wir mithilfe von Überkreuzbewegungen, die von den Kindern in verschiedenen Variationen ausgeführt werden (vgl. hierzu das Foto in Kapitel 3, S. 19). Dabei achten wir darauf, ob oder wie der Wechsel zwischen den einzelnen Überkreuzbewegungen im Stehen – oder sogar im Springen – gelingt, und zwar auch beim Wechsel zwischen gleichseitigen und wechselseitigen Bewegungen. Wir können die Überkreuzbewegungen auch vormachen und das Kind zum Wiederholen auffordern.

Ergibt die Überprüfung, dass die Integration gut ist, können wir darauf schließen, dass das Kind auf beide Hemisphären gleichzeitig zugreifen kann. Ist die Integration schwach, können wir annehmen, dass der Schüler im Wesentlichen nur eine Hemisphäre nutzt, um Aufgaben zu lösen. Das geschieht vermehrt, wenn das Kind unter Stress steht, bis hin zu Situationen, in denen es sich so fühlt, als hätte es ein „Brett vor dem Kopf“.

Es stellt sich die Frage, mit welcher der beiden Hemisphären das Kind arbeitet. Das ist entscheidend für die Soforthilfe, da man den Lernstoff so anbieten muss, wie das Kind ihn am besten mit seiner jeweiligen Hemisphärendominanz aufnehmen kann. Um die Dominanz zu ermitteln, bieten sich zwei Möglichkeiten an:

- die Beobachtung des Kindes
- das Ausfüllen von Arbeitsblättern.

Beobachtung

Verfügt ein Kind über die folgenden Fähigkeiten, spricht alles für eine analytische Dominanz:

- Guter Wortschatz
- Guter Zeitbegriff
- Kind kann abstrahieren
- Lösungen werden logisch erarbeitet
- Informationen werden nacheinander aufgenommen
- Serielle Arbeitsweise (verschiedene Aufgaben werden nacheinander erledigt)
- Strukturierte Arbeitsweise
- Denken in Begriffen

Für eine intuitive Dominanz sprechen vor allem diese Fähigkeiten:

- Suchen nach Wörtern (das „Dingsda“)
- Mangelhafter Zeitbegriff, Probleme mit der Uhr (sie kennen nur die Zeitbegriffe „jetzt“ oder „nie“)
- Kind benötigt konkrete Gegenstände
- Lösungen werden intuitiv erahnt
- Simultanes Aufnehmen von Informationen
- Gleichzeitiges Arbeiten (verschiedene Aufgaben werden gleichzeitig erledigt)
- Chaotische Arbeitsweise
- Denken in Bildern

Arbeitsblatt 1

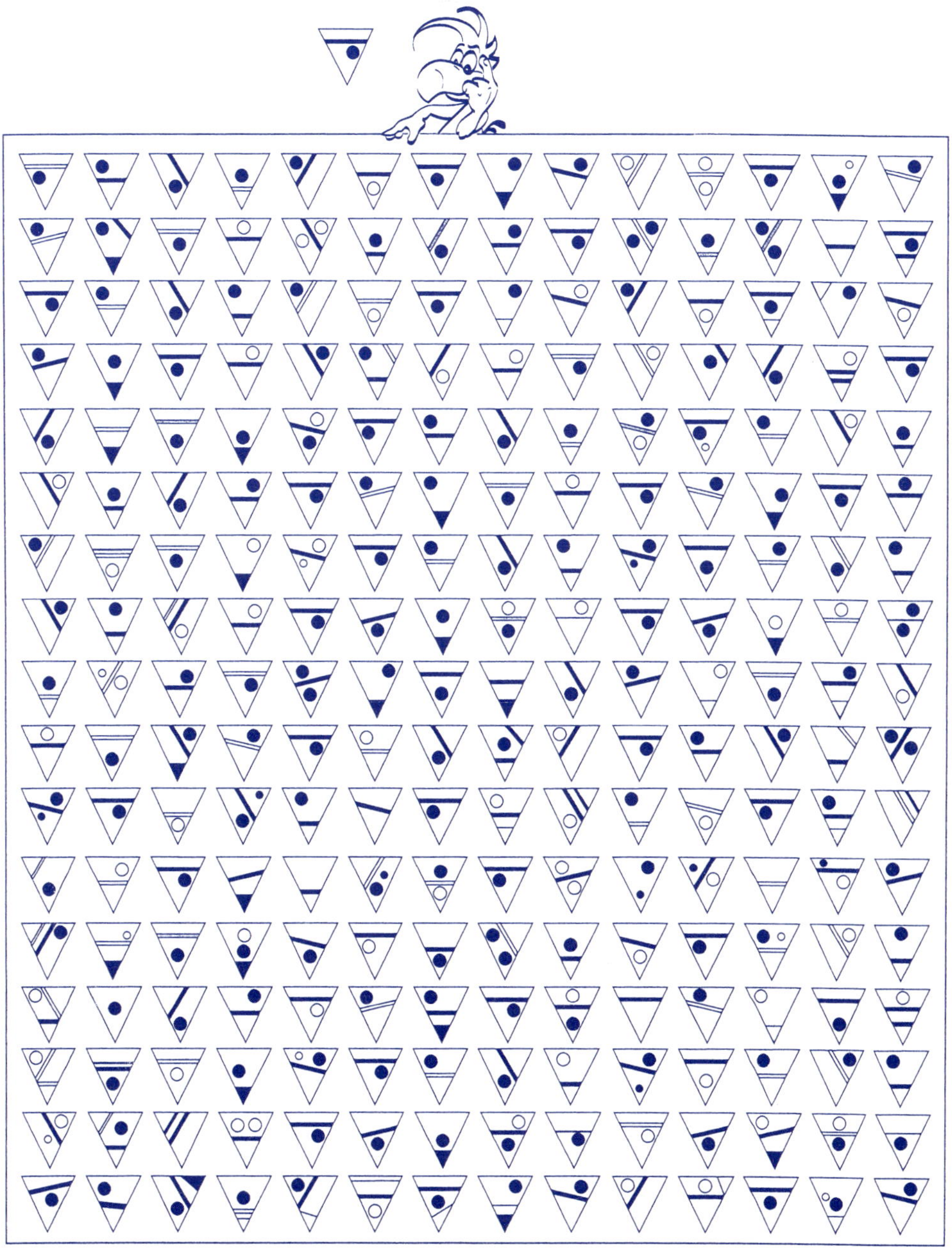

Wie häufig kommt das Dreieck vor, das links neben dem Kakadu abgebildet ist? Kreise es ein.

■ Arbeitsblatt 2

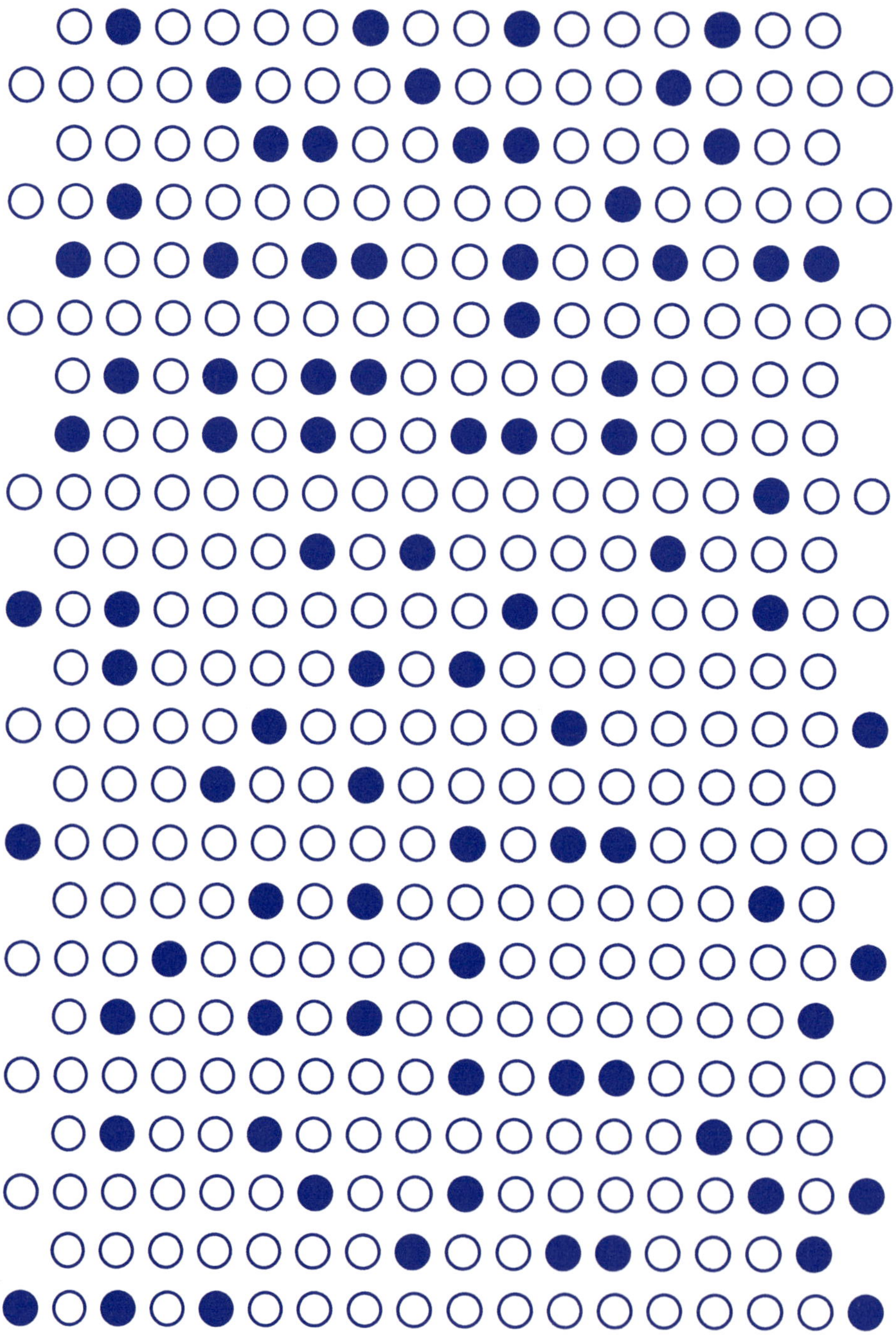

Die Vorgabe lautet: Kreise immer 3 weiße Kreise ein, aber keinen schwarzen!
Wenn am Reihenende weiße Kreise übrig bleiben, musst du sie geschickt mit den darunterliegenden Kreisen zu einer Dreiergruppe verbinden. Wie viele weiße Kreise bleiben zum Schluss übrig?

Wir beobachten, wie die Kinder die Arbeit angehen. Welches Blatt bevorzugen sie – das analytische (Dreiecke) oder das intuitive (Kreise)? Was macht ihnen mehr Spaß, welches Blatt möchten sie am liebsten gar nicht bearbeiten? Wie lange brauchen sie, wie viele Fehler machen sie dabei?

In den meisten Fällen ergibt sich daraus ein klares Bild, ob das Kind eher mit der intuitiven oder mit der analytischen Hemisphäre arbeitet. Für eine verlässliche Auswertung muss sowohl die Auswertung der Arbeitsblätter als auch die Beobachtung der Fähigkeiten herangezogen werden.

Analytische Dominanz

Solche Kinder haben in der Grundschule meist keine großen schulischen Probleme. Unter Umständen neigen sie dazu, in den Details stecken zu bleiben. Insgesamt entspricht ihr Lerntyp jedoch den Darstellungen des Lernstoffes in den meisten Schulbüchern, weil diese überwiegend von ebenfalls analytisch arbeitenden Menschen erstellt werden.

Zusammenhänge erfassen analytisch dominante Kinder jedoch weniger gut. Auch der Raumbegriff ist ihnen nicht ohne weiteres leicht zugänglich, weil sie zu sehr auf einen Punkt fixiert sind. Aufsätze fallen bei solchen Kindern eher kurz aus; sie verwenden zwar klare Wörter, vermitteln jedoch keine Gefühle und können Bilder nicht recht entstehen lassen. Bei Sachaufgaben fällt es ihnen schwer, sich einen Überblick zu verschaffen, während sie Rechenformeln gut auswendig lernen können. Das alles macht sich jedoch erst in den höheren Klassen bemerkbar.

Unterstützende Übungen für Kinder mit einer Dominanz der analytischen Hemisphäre sind:

- Brainstorming
- Akzeptanz der Mehrdeutigkeit von Begriffen
- Visualisierungsübungen
- Lernen, Gefühle zu achten und auch zum Ausdruck zu bringen
- Erstellen von Mind-Maps® mit Skizzen und Bildern

Mind-Mapping ist eine Lerntechnik, bei der die ganzheitlichen Fähigkeiten des Gehirns gefördert werden. Der Schüler bekommt einen Überblick über den Lernstoff und erkennt die Zusammenhänge deutlicher. In die Mitte des Blattes schreibt er das Thema und zieht einen Kreis darum, von dem aus Äste und Zweige in alle Richtungen abgehen. Auf die dickeren Äste schreibt er Schlüsselwörter zum Thema, auf die dünneren Zweige Details. Auch zur Wiederholung von Lernstoff, Vorbereitung auf Schularbeiten, Planung von Aufsätzen und Konzepte für Referate eignen sich Mind-Maps® gut (siehe Seite 62).

Wichtig für diese Kinder ist, Zusammenhänge zu erfassen. Das bedeutet zum Beispiel für das Lesen, dass sie lernen müssen zu erkennen, was alles zu einem Satz gehört, weil sie nur dann auch sinnerfassend lesen können.

Intuitive Dominanz

Diese Kinder haben bereits in der Grundschule häufig Schwierigkeiten, den Lernstoff aufzunehmen, wenn er nicht so aufbereitet wird, wie es ihrer Aufnahmefähigkeit entspricht. Sie laufen Gefahr, den Lernstoff zu oberflächlich aufzunehmen und nicht genügend in die Tiefe zu gehen. Sie sind oft zu wenig sorgfältig, neigen zu ungenauem Arbeiten und zu Fehlern. Informationen nehmen sie eher planlos und wie zufällig auf. Sie folgen ungern einer Struktur beim Erarbeiten und Lernen und arbeiten nicht seriell. Sie verfügen oft über einen sehr guten Raumbegriff, haben aber keinen Zeitbegriff. Auch das Abstrahieren bereitet ihnen eher Probleme.

Hilfestellungen für Kinder mit einer Dominanz der intuitiven Hemisphäre:

- Überblick bieten: Der Schüler muss zuerst das Ganze sehen, um Details einordnen zu können (z.B. in Form eines Posters, das er aufhängt). Als Beispiel möchte ich das Erarbeiten der Form von Quadern und Würfeln wählen. In einer Zusammenfassung lernen die Schüler zuerst verschiedene Körper kennen. Die Kinder lernen als Erstes, zwischen runden, spitzen und eckigen Körpern zu unterscheiden. Danach suchen sie unter den eckigen einerseits die Würfel, andererseits die Quader heraus (vgl. hierzu die Abbildung auf der folgenden Seite).
- Auf Details achten: Zum Beispiel muss der Schüler bei einer Sachaufgabe die jeweiligen Bezeichnungen der angegebenen Zahlen unterstreichen.
- Prioritäten setzen und festhalten: Was ist wichtig beim Lernen, beim Aufsatzschreiben, beim Rechnen? Das serielle Arbeiten – eines nach dem anderen folgerichtig zu erledigen – festlegen.
- Begonnenes konsequent zu Ende führen und vorher nichts Neues beginnen: Dazu müssen Kinder mit einer Dominanz der intuitiven Fähigkeiten immer besonders angehalten werden.
- Listen und Raster einsetzen: Durch eindeutige analoge Zuordnung von Begriffen wird die Fähigkeit gestärkt, auf Strukturen zu achten, z.B.:

go	**went**	**gone**
do	**did**	**done**

Intuitiv arbeitende Schüler neigen zu chaotischen Notizen und haben dann Probleme, sich das Notierte einzuprägen.

Arbeitsblatt

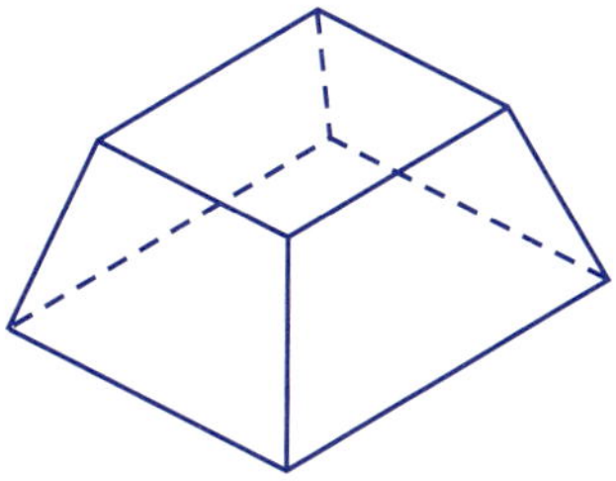
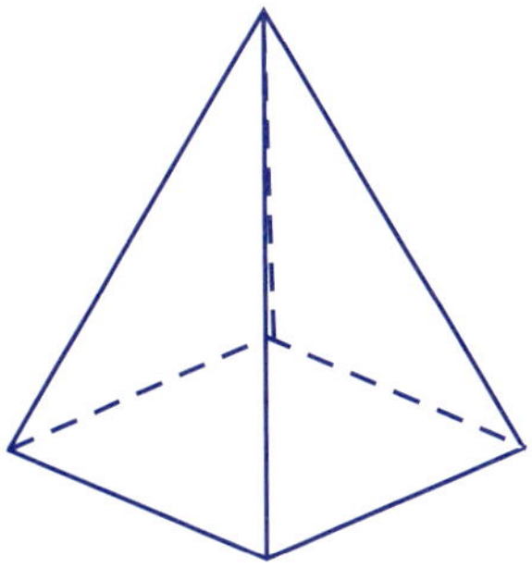
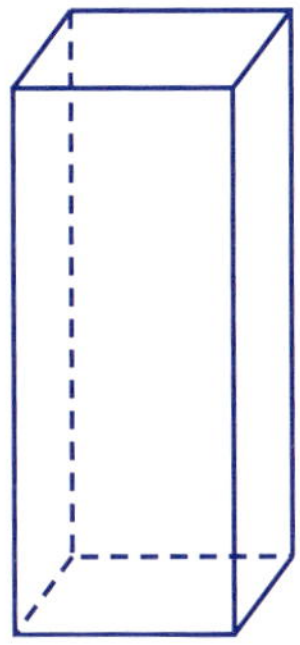

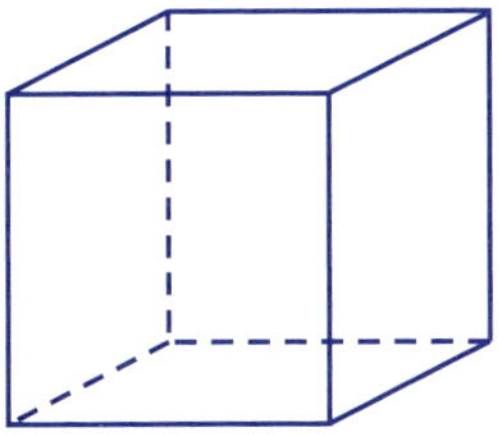
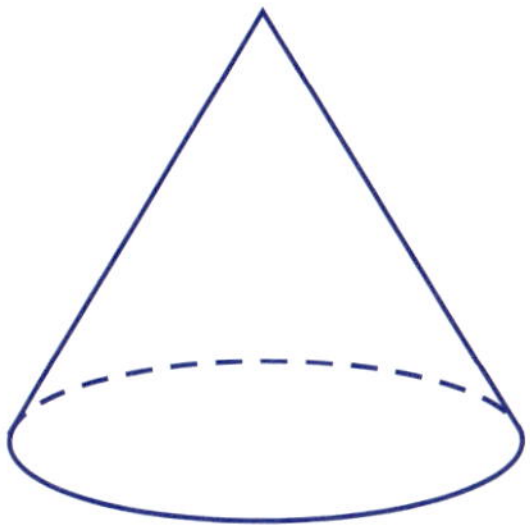
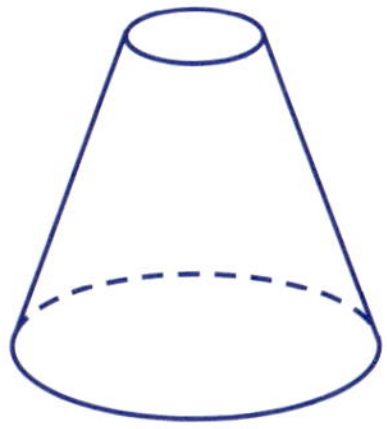

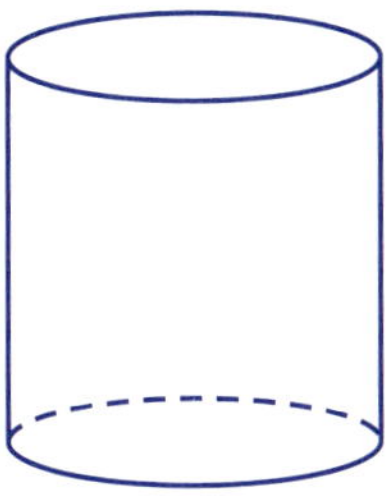
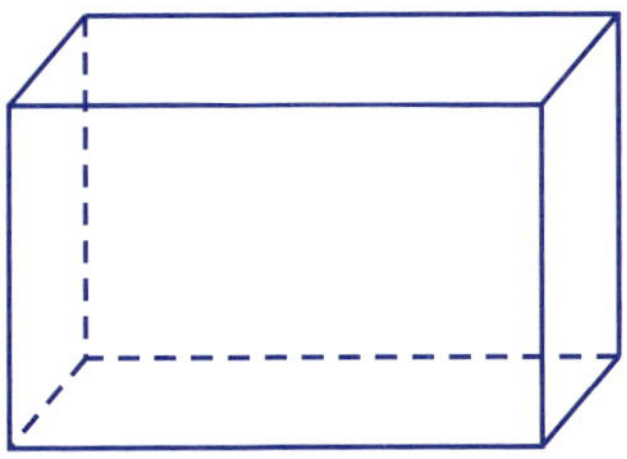
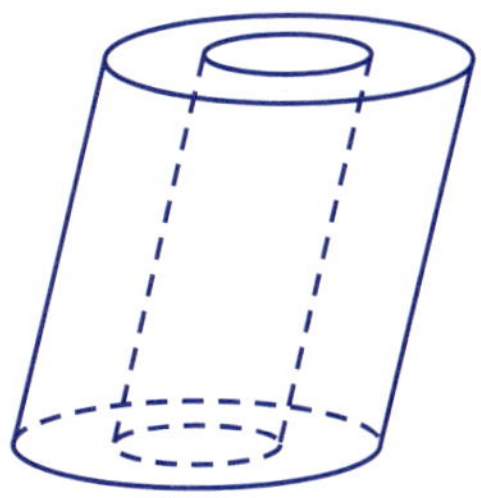

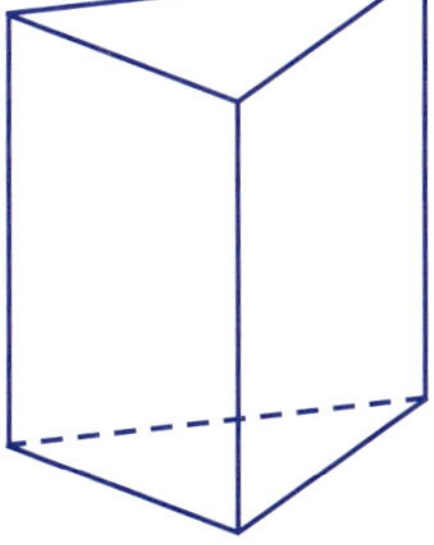
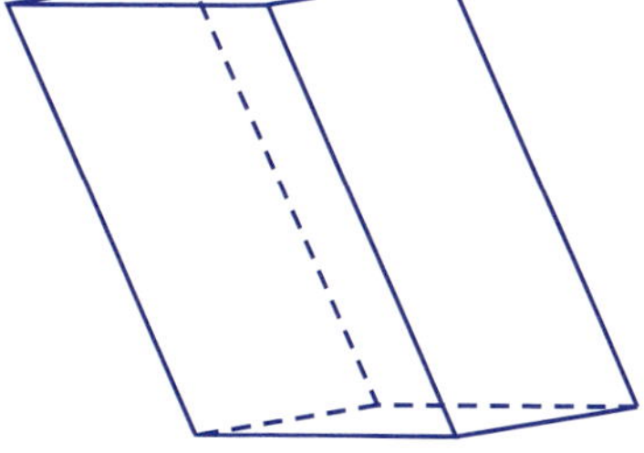
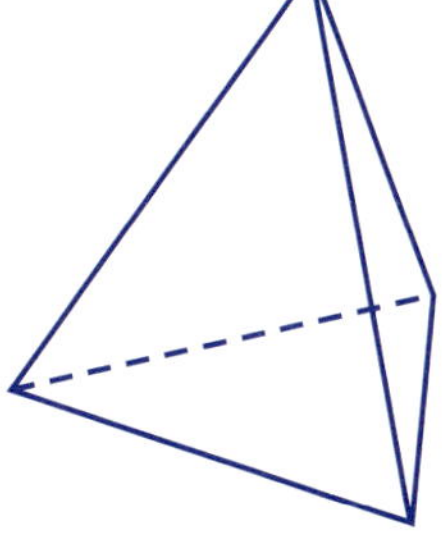

- Konkretes und Gegenständliches in die Arbeit einbeziehen.
- Gedankenbilder und -kino helfen, sich auch Einzelheiten einzuprägen, da diese Kinder meist über einen guten Zugang zu bildhaftem Denken verfügen.
- Zeitplan: Das Kind wird angehalten, einen konkreten Zeitplan aufzustellen, welchen Lernstoff es wann erarbeiten will, wie der Tagesplan vom Aufstehen über Frühstück, Schule und Freizeit bis hin zu den Hausaufgaben aussehen soll usw.
- Mind-Maps®: Sie bieten Übersicht und Details zugleich.

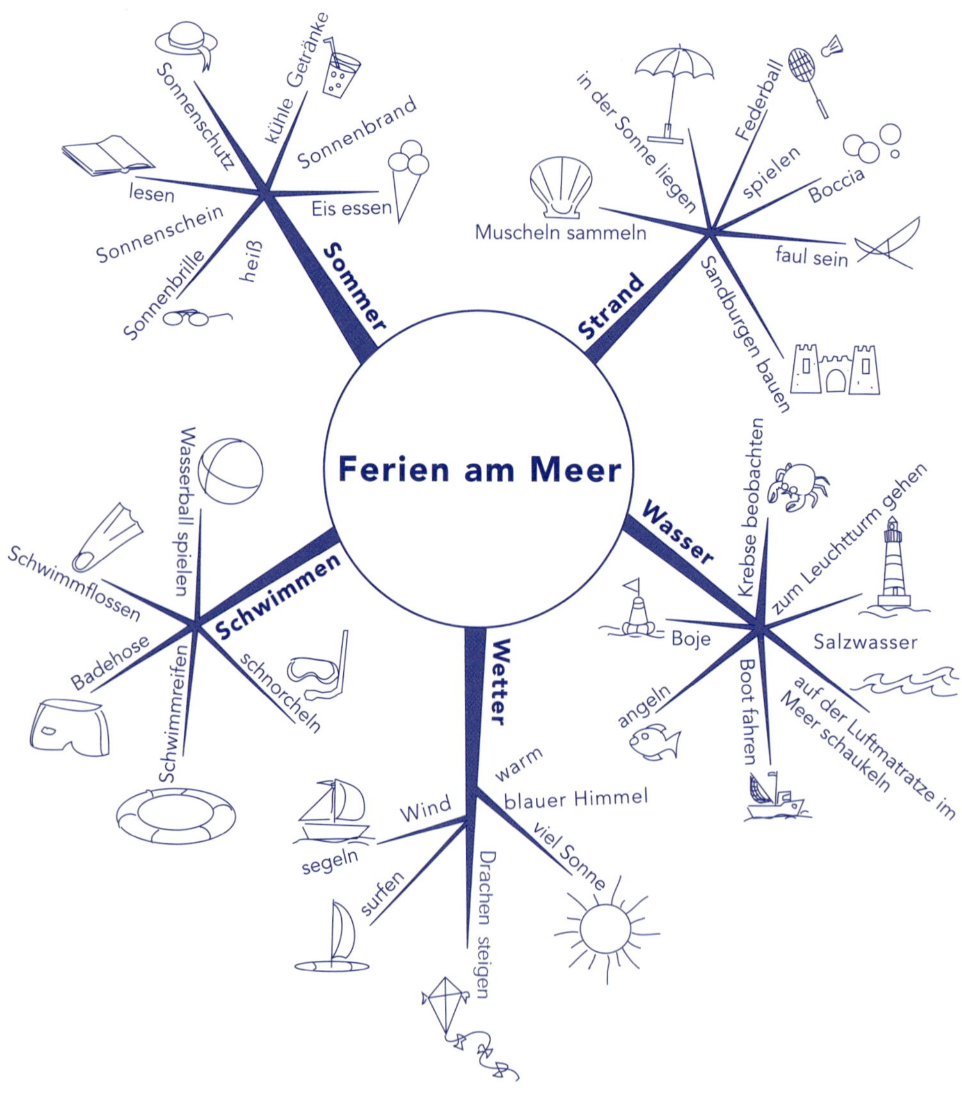

Grundprogramm zur Integration der Hemisphären

Unabhängig davon, welche Dominanz vorliegt, sind die folgenden Übungen sehr wirksam, um die Integration beider Hemisphären zu fördern.

GEHIRN-KNÖPFE

Zeige- und Mittelfinger einer Hand berühren den Nabel;
Daumen, Zeige- und Mittelfinger massieren unterhalb des Schlüsselbeins.

Dauer: 1 Minute

ÜBERKREUZ-TANZEN

Mit der linken Hand das rechte Knie berühren und umgekehrt.
Dauer:
mindestens 20-mal

ELEFANT

Beine schulterbreit stellen. Ohr liegt an der Schulter.
Mit ausgestrecktem Arm Achterschleifen in die Luft zeichnen.
Schleife stets von der Mitte nach links oben beginnen.
Armwechsel.
Dauer: je 10-mal

LIEGENDE ACHT

Schulterbreit stehen, linken Arm strecken, in Augenhöhe von der Mitte nach links oben beginnend Achterschleifen ziehen.
Dabei mit den Augen den Daumen verfolgen.
Armwechsel.
Dauer: je 10-mal

■ Spiele

Alle Ballspiele helfen, die Hemisphären zu integrieren. Vor allem, wenn die Zusammenarbeit zwischen linker und rechter Körperhälfte gefordert ist, wie beim Fangen eines Balles mit der rechten Hand, während das Kind gleichzeitig mit dem linken Fuß einen Schritt nach vorne macht. In dem Buch *Rechnen – keine Hexerei* (Haberda 2002) finden Sie viele Ideen für geeignete Spiele.

Visuelle Grundfähigkeiten

Das Aktivieren der visuellen Fähigkeiten erfolgte früher ganz natürlich und wie nebenbei durch Ballspiele und alltägliche Bewegungsabläufe. Dazu zählen das Fangen eines Balles, der aus verschiedenen Richtungen kommt, und das Anpassen der Blickrichtung, das Verfolgen seiner Flugbahn und das Fixieren beim Fangen. Heute beschränken sich die Freizeitaktivitäten unserer Kinder sehr oft auf Fernsehen, Computer, Internet und Playstation. Dabei vernachlässigen sie unbewusst die Ausbildung und die Anwendung ihrer natürlichen visuellen Fähigkeiten.

■ Wichtig für Lernprozesse:

- Kinder müssen mit den Augen fixieren können. Das heißt, sie lassen ihre Augen so lange auf einer bestimmten Information verharren, bis sie das Wort, die Menge, den Buchstaben oder die Zahl aufgenommen haben.
- Die Augenfolgebewegung sollte funktionieren. Das bedeutet, dass Kinder die Leserichtung von links nach rechts kontinuierlich einhalten können, ohne Buchstaben oder Zeichen zu überspringen.
- Das Blickfeld muss groß genug sein, um auch Informationen aufnehmen zu können, die nicht in der Mitte angeboten werden.
- Außerdem sollte die Wahrnehmung des Kindes ungehindert in jeder Blickrichtung funktionieren, weil oft die Zeit fehlt, den Kopf zu drehen. Eine ständige Hin- und Herbewegung des Kopfes würde außerdem den Gleichgewichtssinn stören.

■ Wie wir die visuellen Grundfähigkeiten überprüfen:

- Fähigkeit, mit den Augen zu fixieren: Das Kind schaut auf einen Punkt, je nach Alter auf eine Fingerpuppe oder einen Gegenstand, den wir in der Hand halten. Wir beobachten, ob das Kind die Augen kontinuierlich darauf gerichtet hält oder ob der Blick immer wieder abschweift.
- Augenfolgebewegung: Wir halten einen Buntstift etwa 30 Zentimeter vor die Augen des Kindes und bewegen ihn langsam hin und her. Wir beobachten, ob das Kind den Kopf ruhig hält, während es mit seinen Augen dem Buntstift folgt, ob

die Augen dem Stift konzentriert folgen oder ob sie Sprünge machen, das Kind also abschweift und dann mit dem Blick wieder „hinterher springt".

- Blickfeldgröße: Wir bitten das Kind, mit Hand und Arm eine Liegende Acht in die Luft zu malen (vgl. hierzu das Foto in Kapitel 3, S. 20). Wir achten darauf, wo im Raum diese liegende Acht gemalt wird, wie groß oder klein sie ist und ob sie auf einer Seite vielleicht merklich größer ist (weil ein Auge bevorzugt wird).
- Blickrichtungen: Wir malen selbst einen Kreis in die Luft und bitten das Kind, der Kreisbewegung mit seinen Augen zu folgen. Dabei achten wir darauf, ob der Kopf ruhig gehalten wird, ob die Augen in allen Positionen kontinuierlich folgen können, ohne manche zu überspringen, oder ob ein Ausschnitt des Blickfelds blockiert ist. Achtung: Bitte gehen Sie behutsam vor und zwingen sie das Kind nicht, in eine Blickrichtung zu schauen, in die es nicht sehen will. Zwar sind in diesem Fall meist nur die Augenmuskeln nicht genügend trainiert. Aber Blickfelder können auch aus anderen, tief liegenden Gründen blockiert sein; dann ist eine fachlich kompetente Beratung sinnvoll.

Lerntrainer überprüfen die visuellen Fähigkeiten noch viel differenzierter.

Soforthilfemaßnahmen

Wenn wir feststellen, dass die visuellen Fähigkeiten nicht ausreichend gut ausgebildet sind, können wir folgende Hilfsmaßnahmen einsetzen:

- Der manchmal verpönte Finger, mit dem das Kind die Wörter beim Lesen mitfahren kann, hilft sehr rasch. Auch ein transparentes Leselineal ist geeignet. Für die Soforthilfe sind solche Maßnahmen sehr sinnvoll, weil sie zu einem unmittelbaren Lernerfolg führen und damit die Zuversicht des Kindes stärken, dass es beim Lesen Fortschritte macht.
- Anders als früher sitzen die Schüler heute nicht mehr in einer Reihe frontal zur Tafel, sondern an zusammengestellten Tischgruppen. Dadurch sind sie gezwungen, in unterschiedlichen Blickrichtungen von der Tafel abzuschreiben. Wenn wir feststellen, dass eine bestimmte Blickrichtung noch blockiert ist oder sie dem Kind schwer fällt – das erkennt man manchmal daran, von welchem Teil der Tafel ein Kind besser ablesen kann –, ist es sinnvoll das Kind umzusetzen.
- In den Lernstudios haben wir festgestellt, dass häufig die Blickrichtung nach oben blockiert ist; das ist vor allem dann problematisch, wenn eine Tafel nach oben geschoben wird. Abhilfe schaffen kann hier ein Blatt mit demselben Text wie auf der Tafel, das der Schüler auf seinem Pult liegen hat und von dem er abschreiben kann.

Grundprogramm zur Aktivierung des visuellen Bereichs

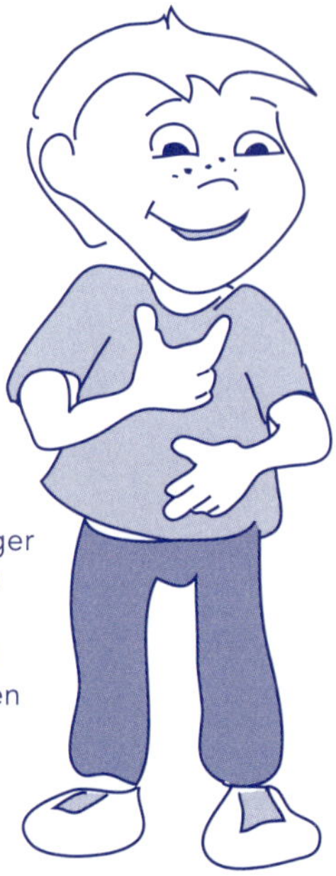

GEHIRN-KNÖPFE

Zeige- und Mittelfinger einer Hand berühren den Nabel;
Daumen, Zeige- und Mittelfinger massieren unterhalb des Schlüsselbeins.

Dauer: 1 Minute

ÜBERKREUZ-BEWEGUNG

Mit dem linken Ellenbogen das rechte Knie berühren und umgekehrt.
Dauer:
mindestens 20-mal

EULE

Aufrecht stehen, Schultern locker; mit der Hand gegenüberliegende Schulter zusammen-drücken.
Den Kopf gleichmäßig erst nach links, dann nach rechts bewegen, dabei ausatmen.
Handwechsel.

Dauer: 3-mal

LIEGENDE ACHT

Schulterbreit stehen, Arme strecken, Hände zusammen, in Augenhöhe von der Mitte nach links oben beginnend Achterschleifen ziehen.
Dabei mit den Augen die Daumen verfolgen.
Dauer: 10-mal

Wahrnehmung von Lauten: Phonologische Bewusstheit

Neben den visuellen Fähigkeiten gibt es selbstverständlich auch auditive. Im Rahmen dieses Buches kann zwar nicht näher darauf eingegangen werden, ein Hinweis darauf soll dennoch nicht fehlen.

Die so genannte phonologische Bewusstheit entwickelt sich, wenn Kinder zum ersten Mal Geräusche und Klänge wahrnehmen und unterscheiden lernen: Klingel, Hupe, Kirchenglocke, Eisenbahngeräusch usw. Danach lernen sie, Wörter und Wortteile wahrzunehmen und wieder zu erkennen. Im nächsten Schritt findet eine noch größere Differenzierung statt, das bewusste Wahrnehmen, Erkennen und Unterscheiden von Lauten (z.B. Vokale und Konsonanten). Diese Fähigkeit ist wichtig für das Lesen, Schreiben und zur Ausbildung der Rechtschreibkompetenz. In diesem Bereich treten in letzter Zeit immer häufiger Auffälligkeiten auf, um die wir uns in den Lernstudios verstärkt kümmern.

Unsere Erfahrungen zeigen, dass im Grundschulalter viele intuitiv veranlagte Kinder Auffälligkeiten beim Lernen zeigen. Es ist jedoch für alle Kinder sinnvoll, egal ob sich Schwierigkeiten bemerkbar machen oder nicht, die vier Grundbausteine zu aktivieren. Diese Grundbausteine – ein gutes Energieniveau, die Fähigkeit, auf mehreren Ebenen wahrzunehmen, eine gute Integration der Hemisphären sowie ausreichend entwickelte visuelle Fähigkeiten – müssen vorhanden sowie gut genug ausgebildet sein und für alle Lernprozesse zur Verfügung stehen. Die Basis dafür stellen die in diesem Kapitel genannten Hilfsmaßnahmen und Förderprogramme dar. Danach erst ist es sinnvoll, sich mit Lernproblemen und ihren spezifischen Lösungsansätzen zu beschäftigen, die in den folgenden Kapiteln ausführlich beschrieben werden.

9 Schreiben

9.1 Schreibfertigkeit

Das wichtigste Ziel beim Schreiben ist das *Aktivieren der Schreibfertigkeit.* Das bedeutet, dass der Schüler zügig und leserlich schreiben kann, ohne über das Schreiben einzelner Buchstaben nachdenken zu müssen. Um das zu ermöglichen, sollten die *Schwungrichtungen im und gegen den Uhrzeigersinn frei verfügbar* sein, also „automatisch" richtig gelingen. Diese Fähigkeit benötigen wir sowohl für das Schreiben von Druckbuchstaben wie auch für das Schreiben der Verbundschrift, das zusammenhängende, gebundene Schreiben.

Auch eine gute *Hand-Augen-Koordination* ist wesentlich für die Schreibfertigkeit. Dank ihr können wir mit der Hand genau das ausführen, was uns der Kopf vorgibt. Dazu gehört auch, beim Schreiben die Zeilen zu halten, mit der Schrift also nicht anzusteigen oder abzufallen, was natürlich auch mit *Raumbewusstsein* zu tun hat.

Erst wenn die Schreibfertigkeit vorhanden ist, kann sich *Freude am Schreiben* von Geschichten entwickeln und so der *Schreibfluss.* Diese Freude am Schreiben sollte bewusst gefördert werden, wenn der Schüler Aufsätze später gerne schreiben soll. Die Rechtschreibung darf in dieser Phase nicht beachtet werden! Zunächst soll der Schüler frei schreiben können, *erst danach gilt es, auch richtig zu schreiben.*

Betrachten wir also zunächst typische Schreibprobleme und beleuchten ihre Hintergründe. Anschließend wenden wir bewährte Verfahren an, die uns Informationen über die Ursachen der Schreibprobleme liefern. Danach stellen wir praxiserprobte Förderprogramme vor, die sich gut dafür eignen, Verbesserungen zu erreichen.

Typische Probleme und Symptome:

- Schlampige Schrift, bis hin zur Unleserlichkeit
- Langsames Schreiben; der Schüler schreibt nicht eigentlich „langsam", sondern er ist „zu langsam", um im Tempo des Klassenverbands mithalten zu können.
- die Zeile nicht halten können; aufsteigende oder abfallende Schrift
- Buchstaben verwechseln, vertauschen
- Buchstaben falsch schreiben, z.B. in Spiegelschrift:

Die wichtigsten Ursachen:

1. Die *Bewegungsrichtungen* im und gegen den Uhrzeigersinn sind nicht frei verfügbar. Beim Schreiben von Großbuchstaben ist es sowohl in Druckschrift als auch in Schreibschrift notwendig, ebenso bei Ziffern, im und auch gegen den Uhrzeigersinn schreiben zu können. Der Grund hierfür sind die einzelnen Elemente, aus denen sich die Buchstaben zusammensetzen. Hier einige Praxisbeispiele:

Das B hat zwei Bäuche
im Uhrzeigersinn:

Das G hat einen großen Bauch, der
im Schwung gegen den Uhrzeigersinn
geschrieben wird:

Das kleine h hat einen Bogen
im Uhrzeigersinn:

Das kleine e hat einen Bogen
gegen den Uhrzeigersinn:

Die Zahl 6 beginnt mit einer langen
Schleife gegen den Uhrzeigersinn:

Die 9 hat eine größere Schleife
im Uhrzeigersinn:

Übrigens: Werden die Ziffern 6 und 9 vertauscht, handelt es sich nicht unbedingt um ein Zeichen für Legasthenie, sondern es kann auch einfach sein, dass die Schwungrichtung nur in eine Richtung gelingt und nicht auch gegenläufig. 6 und 9 werden dann in der gleichen „Schleife“ geschrieben.

Kinder erfahren folglich beim Schreiben keine Differenzierung durch das Muskelgedächtnis. Da ähnliche Muster abgespeichert werden, kann es zu Verwechslungen beim Abrufen führen. Das gilt auch für die Buchstaben b und d.

Wir müssen also lernen, im Körpergedächtnis zu speichern, dass und wie wir mit unserer Schreibhand Schwünge, „Bäuche“ und „Rundungen“ von Buchstaben und Ziffern sowohl nach rechts als auch nach links ausführen, wie es z.B. bei d und b oder 6 und 9 notwendig ist.

2. Eine zweite Ursache ist die mangelhafte *Hand-Augen-Koordination*.

   Die Hand tut nicht das, was das Gehirn vorgibt. Die Feinmotorik ist nicht so gut ausgebildet, wie es notwendig wäre, um flüssig zu schreiben.

So entstehen unter anderem Zwischenräume bei den Anschlusspunkten im Buchstaben, was wiederum dazu führt, dass die Buchstaben nicht gut erkannt werden. Beim großen M, R oder K wird z.B. der Aufstrich nicht geschlossen.

Oft können auch die Zeilen nicht richtig gehalten werden, was sowohl den Schreib- wie auch später den Lesefluss stört und zu Verständnisschwierigkeiten bei Sätzen oder ganzen Texten führen kann.

3. Im *taktil-kinestetischen* System kann die dritte Ursache begründet sein.

   Damit die Bewegungsrichtungen und die Hand-Augen-Koordination richtig eingesetzt werden können, bedarf es einer Voraussetzung, die oft übersehen wird: das richtige Gespür in Hand und Fingern, wie der Stift entspannt gehalten und zugleich zielgerichtet geführt wird.

   Eine weitere Ursache für Schreibprobleme kann also darin begründet sein, dass das „taktil-kinestetische System" nicht ausreichend ausgebildet ist. Welchen Tonuswert benötige ich, wie fest oder locker sind meine Fingermuskeln gespannt und wie verkrampft oder entspannt bin ich beim Schreiben?

   Wenn ein Kind nicht spürt, dass es die richtigen Buchstaben mühelos schreiben und die Hand entsprechend steuern kann, dann kompensiert es das häufig, indem es den Stift viel zu fest und daher oft verkrampft hält. Es geht darum, auch ohne hinzuschauen, gewissermaßen automatisch, den Stift so zu halten, wie es für den Schreibfluss und die Leserlichkeit erforderlich ist.

4. Unzureichende *Raumorientierung* ist schließlich eine vierte Ursache.

   Dies möchte ich ebenfalls als mögliche Ursache für Probleme mit der Schreibfertigkeit erwähnen. Anzeichen dafür ist zum Beispiel das Vertauschen von rechts und links, von oben und unten. Dabei werden wiederum die Buchstaben verfälscht.

   Aus dem großen V kann ein großes A werden:

   V Λ

   Oder es wird in Spiegelschrift geschrieben, B oder E zeigen also in die entgegengesetzte Richtung:

   B Ǝ

   Oder aus dem großen P wird ein kleines d:

   P d

Test- und Arbeitsblätter

Sie finden auf dieser und den folgenden beiden Seiten je ein Arbeitsblatt bzw. eine Arbeitsanweisung zu den vier Teilleistungsfähigkeiten, um die Fähigkeiten des Kindes besser zu erkennen.

Nachdem Sie mit dem Kind diese vier „Testübungen" gemacht haben, sehen Sie selbst, welche Aufgaben dem Kind die größten Schwierigkeiten bereiten. Sie können eine Art Reihenfolge der dringlichsten Themen aufstellen. Dann können Sie zu diesem Thema vorblättern, um zunächst einmal die entsprechenden Förderangebote gemeinsam mit dem Kind zu erarbeiten. Danach wenden Sie sich dem zweitwichtigsten oder „auffälligsten" Thema zu.

■ Bewegungsrichtung

Das Kind soll die vorgegebenen Girlanden und Kreise auf den Linien fortführen.

■ Hand-Augen-Koordination

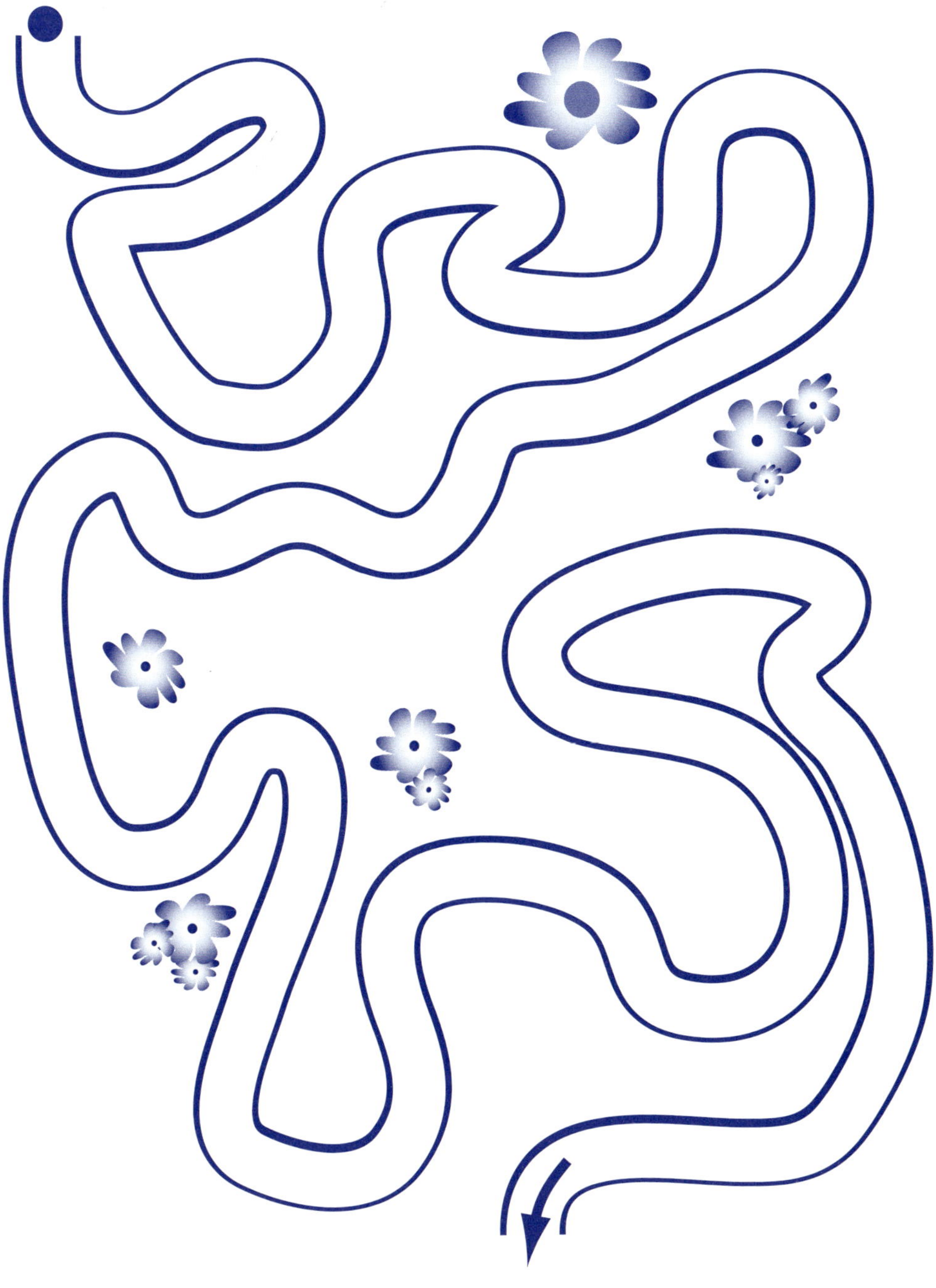

Hier soll der Weg der Kugel ohne Absetzen durch die Bahn nachgezeichnet werden.

Dosieren von Kraft: Taktil-kinestetisches System

Anhaltspunkte dafür, wie gut das taktil-kinestetische System ausgebildet ist, können Sie durch einfache Übungen mit unterschiedlichen Bällen gewinnen.

Legen Sie an einem Punkt im Zimmer ein „Ziel“ ab, etwa ein Bauklotz oder Stofftier. Am besten wäre es, diese Übung in einem Raum mit Teppichboden zu machen oder eine Decke unter das Ziel zu legen, damit die Bälle nicht zu weit rollen. Sie geben dem Kind nun drei oder mehr verschieden große und verschieden schwere Bälle, z.B. einen Tischtennisball, einen Tennisball, einen größeren aufblasbaren Spielball, eine Bocciakugel usw. Die Aufgabe besteht darin, den jeweiligen Ball so nah wie möglich an das Ziel heranrollen zu lassen. Das Kind hat mit jedem Ball einen Versuch.

Je näher und gleichmäßiger die Bälle beim Ziel liegen, desto besser. Je weiter sie entfernt sind (meist rollen die Bälle deutlich zu weit), umso mehr Nachholbedarf besteht beim Erspüren der Dosierungskraft.

Raum-Orientierung

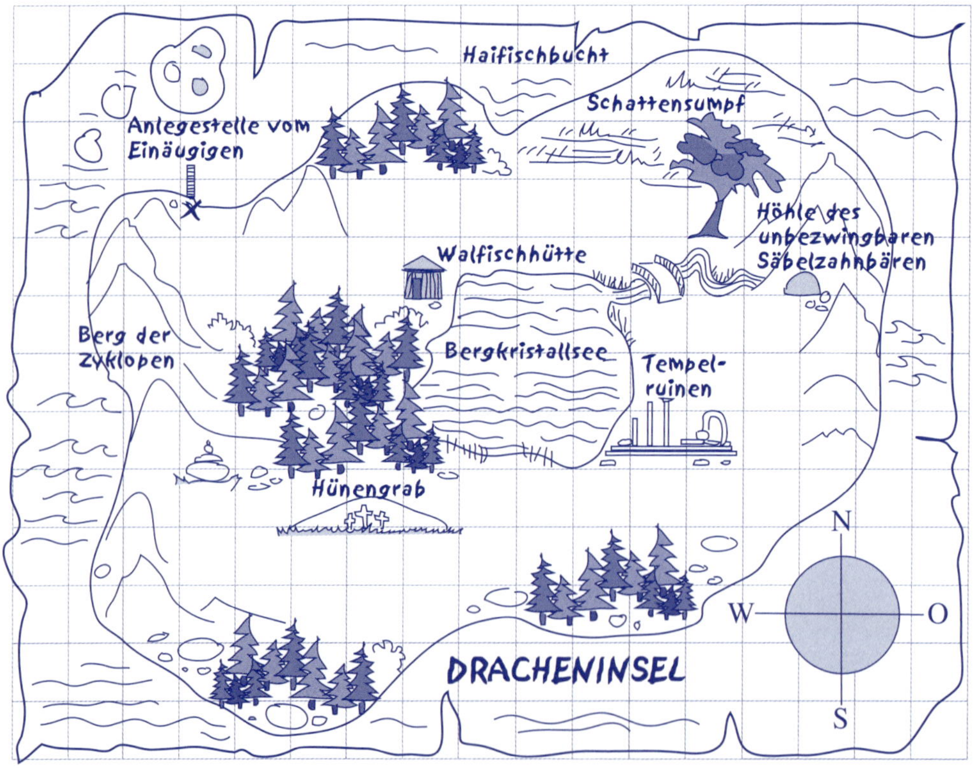

Die Aufgabe lautet: Wo liegt der Schatz vergraben?
Man sucht ein Versteck aus (z.B. in der Walfischhütte) und gibt dem Kind den Weg wie folgt vor: Beginne an der Anlegestelle (X) ober links, gehe 5 Kästchen nach unten und 1 Kästchen nach rechts. Dann gehe 2 Kästchen nach unten, 4 Kästchen nach rechts und 2 Kästchen nach oben usw.

Praxiserprobte Förderprogramme zur Lösung von Schreibproblemen

Schauen wir uns gemeinsam einige sehr einfache, aber wirkungsvolle Übungen an, um Schreibprobleme auf spielerische Art zu lösen oder zumindest deutlich zu verringern.

Zu den Bewegungsrichtungen

Das *Aktivieren auf der Körperebene* erfolgte früher, wie bereits erwähnt, im Rahmen der natürlichen Entwicklung und des Tagesablaufs, z.B. durch Tätigkeiten wie Kaffee mahlen, Geschirr abtrocknen, Seil springen. So wurden die Bewegungsrichtungen mit oder gegen den Uhrzeigersinn automatisch ausgebildet und aktiviert. Heute ist das oft schon deshalb nicht mehr möglich, weil es diese Geräte oder Tätigkeiten im Haushalt gar nicht mehr gibt. Deshalb geben wir den Kindern nun neue Aufgaben, z.B.:

- Faden am Stuhlbein aufwickeln
- Arme kreisen lassen, vor und zurück
- Reifen schwingen (Gummiringe oder Hula-Hoop-Reifen)
- Japanisches Tellerdrehen (mit Plastiktellern!)
- Springseil schwingen, Lasso schwingen, Seilhüpfen

Nach der Aktivierung auf der Körperebene erfolgt der *Transfer in die allgemeine Schreibebene*. Auch hierfür finden Sie im Folgenden praktische Vorschläge:

- Auf Packpapier eine liegende Acht schreiben; mit der rechten Hand, der linken und mit beiden Händen – gleichläufig und auch gegenläufig (also mit der rechten Hand nach rechts und mit der linken Hand nach links, sodass sie sich in der Mitte kreuzen) –, gerne auch mit Fingerfarben oder verschiedenen Stiften wie Ölkreide und Wachsmalstifte oder sogar mit Rasierschaum usw. Das schärft die taktilen Sinne.
- Anfangs sollte die liegende Acht möglichst groß gemalt werden, dann schrittweise immer kleiner. Dabei kann das Papier einmal auf dem Boden und dann auf einem Tisch liegen oder auch an der Wand hängen (die „Schreibebene“ wird dadurch variiert).

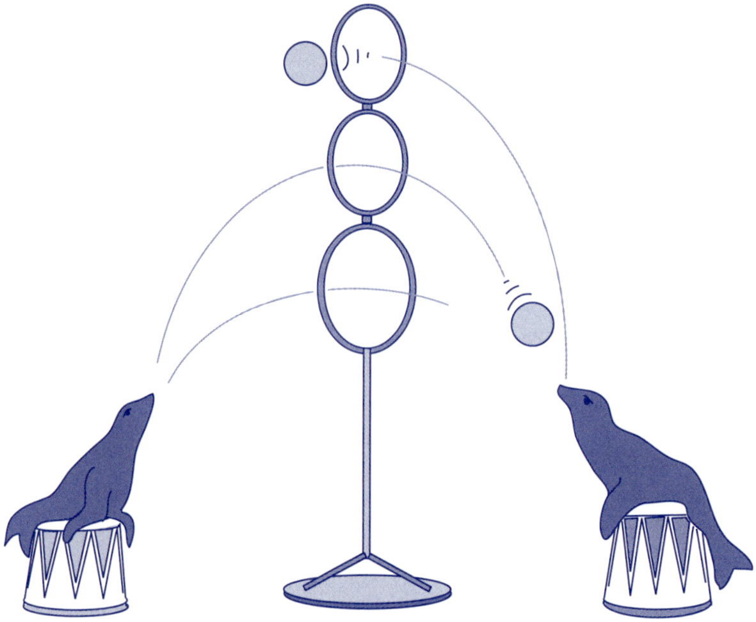

Der Flug des Balles soll mit dem Stift nachempfunden werden. So wie der Ball zwischen den Seelöwen hin- und hergespielt wird, zeichnet das Kind mit dem Stift die Flugbahnen ohne abzusetzen nach. Dadurch wird die Schwungrichtung im und gegen den Uhrzeigersinn geübt.

Mit dem Stift soll das Aufblasen der Seifenblasen dargestellt werden, indem immer größere Kreise gezeichnet werden; links gegen den Uhrzeigersinn, rechts mit dem Uhrzeigersinn.

Nachdem wir die Beherrschung der Bewegungsrichtungen auf die allgemeine Schreibebene transferiert haben, kommen wir nun zum *Transfer dieser Fähigkeit auf die spezielle Schreibebene*, die so genannte „Symptomebene", beim Schreiben von Buchstaben.

Hierbei geht es vor allem auch darum, einzelne Buchstaben und später ganze Wörter im „Muskelgedächtnis" zu verankern. Das bedeutet, dass der Mensch automatisch „weiß", dass bei einem d der Bauch links, bei einem b hingegen rechts ist. Man kann diese Verankerung im so genannten Muskelgedächtnis mit dem Autofahren vergleichen: Wenn jemand bereits einige Jahre Auto fährt, tritt er ganz automatisch mit dem linken Fuß die Kupplung, wenn es notwendig ist, oder er geht mit dem rechten vom Gas und steigt auf die Bremse. Ein bewusstes Nachdenken ist nicht mehr erforderlich.

Das Schwingen der Hand, um die Liegende Acht zu „malen", und dann immer wieder neue Buchstaben links, rechts und in der Mitte „entstehen zu lassen", hilft, gegenläufige Bewegungen einzuüben.

Als Erstes wird mit zwei bis vier Schwüngen eine liegende Acht gemalt. Man fängt in der Mitte an und führt den Stift nach links oben. Aus diesem Schwung heraus malt das Kind nun Buchstaben in die liegende Acht. Zunächst entsteht in unserem Beispiel der Druckbuchstabe a in der linken Schlaufe der Acht. Anschließend der Druckbuchstabe c in der rechten Schlaufe und danach ein geschriebenes b in der Mitte der liegenden Acht. Wichtiger als das Schreiben des Buchstabens in vorgegebene Felder ist das Schreiben aus dem Schwung heraus, auch wenn dann zum Beispiel das kleine c nicht in das rechte Feld sondern in das linke geschrieben wird. Es wäre auch hier günstig, auf einem großen Format zu beginnen, vielleicht auf Packpapier, und dann so lange kleiner zu werden, bis die tatsächliche Schreibgröße in etwa erreicht ist.

Zur Hand-Augen-Koordination

Auch hier geht es zuerst wieder darum, Fähigkeiten *auf der Körperebene zu aktivieren*. Dazu eignen sich folgende Übungen:

- Murmelspiele, Boccia u.Ä.
- Jongliertücher
- Bauklötzchentürme bauen
- Perlen auffädeln

- Dominosteine aufstellen
- Mikado spielen
- Kartenhäuser bauen
- Spielsteine bewegen (z.B. „Mensch ärgere dich nicht“) ohne anzustoßen oder sie umzuwerfen
- Übungen zunächst mit einem Luftballon ausführen, dann mit einem Ball (rollen, werfen, fangen, zielen)
- Bälle fangen üben (notfalls, falls der Greifreflex nicht ausgebildet, Klettbälle mit Kletthandschuhen fangen)
- Verschiedene Ballspiele, z.B. einen Ball mehrfach an die Wand werfen. Dazu gibt es verschiedene Aufgabenstellungen, etwa vor dem Fangen in die Hände klatschen, den Ball unter dem Bein hindurch oder über eine Schnur werfen, Völkerball spielen usw.
- Übungen mit Schlägern und Bällen in unterschiedlicher Größe
- Geschicklichkeitsspiele, z.B. mit einem Holzkasten, in dem auf einer beweglichen Ebene eine Kugel läuft, die nicht vorzeitig durch eines der vielen Löcher fallen darf. Oder mit Handbalancierspielen, bei denen man eine kleine Kugel durch geschickte Bewegungen ins Ziel oder in ein bestimmtes Fach befördern muss.

Beim *Transfer in die allgemeine Schreibebene* helfen die folgenden Arbeitsblätter:

Diese Vorlage kann größer kopiert werden und eignet sich zum Durchpausen.

Das Schiff größer kopieren; dann die Sprossen und Verstrebungen zügig verbinden.

Im dritten Schritt erfolgt der *Transfer der Hand-Augen-Koordination auf die Symptomebene*. Dazu dienen die folgenden Übungen:

- Vorgegebene Buchstaben, wie B und R, werden vom Kind direkt über dem vorgeschriebenen Buchstaben nachgezogen. Dabei ist es wichtig, die ursprüngliche Strichführung einzuhalten.

- Schreiben von Buchstaben nach Vorlage: Nun werden nicht mehr die Striche genau nachgezogen, sondern die Buchstaben neu daneben geschrieben.
- Buchstaben abschreiben: Auf einem Blatt stehen vorgegebene Buchstaben, auf einem anderen schreibt das Kind sie neu.

- Buchstaben auf Punkte bzw. vorgegebene Plätze schreiben
- Buchstaben auf vorgegebene Linien schreiben
- Buchstaben und Ziffern genau untereinander bzw. nebeneinander schreiben
- Mit dem Wort „Haus“ ein Haus bilden:

■ Zum taktil-kinestetischen System

Aktivieren auf der Körperebene kann man durch:

- Kneten mit Knetmasse oder Ton
- Flohhüpfen (mit einem Spielstein auf die Kante eines anderen drücken und ihn so in eine bestimmte Richtung springen lassen)
- Teig walken und kneten, Kekse wie Vanillekipferl formen
- Apfelstrudel backen (dabei sind taktil-kinestetische Tätigkeiten erforderlich, z.B. Äpfel schneiden, Teig ziehen, Apfelschnitten auflegen, Teig zusammenrollen)
- Verschiedene Schrauben mit passenden Muttern zunächst auseinander schrauben, mischen und dann, ohne hinzuschauen, wieder passend zusammenschrauben.

Eine sehr interessante Übung, um den Hautsinn zu prüfen (durch so genannte *taktile Stimuli*), ist die folgende: Das Kind steht und hat die Augen geschlossen. Sie berühren kurz nacheinander zwei verschiedene Punkte am Körper, z.B. das linke Schlüsselbein und den Bauch auf Höhe der Leber. Dann zeigt das Kind mit seinem Finger (mit geschlossenen oder geöffneten Augen), wo Sie es berührt haben. Das machen Sie drei oder vier Mal. Dann berühren Sie zwei Punkte gleichzeitig und das Kind soll nun wieder zeigen, wo es die Berührung gespürt hat (*simultane* taktile Stimuli). Die gleiche Übung können Sie auch durch Berührung verschiedener Finger machen.

Nimmt das Kind die berührten Punkte nicht richtig wahr oder liegt es ziemlich weit daneben, so lässt dies einen wichtigen Rückschluss zu: Sein Hautsinn, sein taktiles System, ist noch nicht genügend ausgebildet. Es nimmt die Informationen, die es über die Haut erhält, nicht oder nur unvollständig wahr.

Beim *Transfer in die allgemeine Schreibebene* geht es vor allem darum, ein Gespür für das Halten des Stiftes zu entwickeln.

- Eine einfache Übung ist, das Schreiben so zu üben, dass das Kind den Stift beim Schreiben zuerst „normal" hält. Der Stift wird von Daumen und Zeigefinger gehalten und auf dem Mittelfinger abgestützt.
- Nun hält das Kind den Stift nur mit Daumen und Zeigefinger.
- Danach hält das Kind den Stift nacheinander mit Daumen und Mittelfinger, mit Daumen und Ringfinger sowie mit Daumen und kleinem Finger und schreibt jeweils einige Wörter. Dabei spürt es, dass ein unterschiedlicher Kraftaufwand und eine jeweils andere Fingerhaltung nötig sind.
- Eine zweite Übung ist, das Gleiche mehrfach zu schreiben, aber jedes Mal mit einem anderen Stift (Bleistift, Buntstift, Wachskreide, Zeichenkohle usw.) sowie auf unterschiedlichem Untergrund (Papier, Packpapier, Tapetenrest mit rauer Oberfläche usw.).

Für den Transfer in die spezielle Schreibebene gibt es keine besonderen Übungen, da alle Buchstaben und Ziffern in der Regel immer mit dem gleichen Druck geschrieben werden.

Zur Raumorientierung

Die *Aktivierung auf der Körperebene* kann erst dann erfolgen, wenn Raum körperlich erfahren wird, egal ob man selbst durch den Raum geht, Bälle durch den Raum rollt oder wirft o.Ä. Wenn Bälle gerollt oder geworfen werden, gibt das eine Rückmeldung darüber, ob die Kraft, den Raum zu überwinden oder zu durchqueren, zu groß, richtig dosiert oder zu gering war, der Raum also kleiner, richtig oder größer eingeschätzt wurde, als er in Wirklichkeit ist. Wie bereits erwähnt, gelingt die Raumorientierung auf einem Blatt, also zweidimensional, erst dann, wenn sie im Raum selbst, also dreidimensional, erfahren und eingeübt wurde. Die folgenden Übungen helfen dabei:

- Murmelspiele
- Boccia; Ball zuwerfen und fangen
- „Blinde Kuh"-Spiel
- „Vöglein, wie piepst du?" (Ein Kind sitzt in der Mitte mit geschlossenen bzw. verbundenen Augen, die anderen sitzen im Kreis um ihn herum; ein Kind aus dem Kreis sagt „Piep", das Kind in der Mitte muss genau auf denjenigen zeigen.)

- Tischdecken: Jedes Kind hält jeweils ein Messer, eine Gabel, einen Löffel und einen Dessertlöffel, alle stehen zusammen um einen Tisch; ein Kind legt nun in beliebiger Reihenfolge das Besteck hin, die anderen machen es nach. Das ist einfacher, wenn man neben demjenigen steht, der zuerst das Besteck hinlegt; es ist schwieriger, wenn das Kind im rechten Winkel zu einem steht, und am schwierigsten ist es für die meisten Menschen, wenn sie sich dabei gegenüberstehen.

Den *Transfer in die allgemeine Schreibebene* kann man mithilfe der folgenden beiden Arbeitsblätter fördern:

Auf Ansage soll der Henkel oder Griff rechts oder links eingezeichnet werden.

Hier lautet die Arbeitsanweisung: Zähle alle Würfel.

Nun geht es wieder um den *Transfer auf die Symptomebene* bzw. auf die spezielle Schreibebene.

n/u p/g b/d m/w

n	p	g	b	m	u	p	d	w	b	u	g	d	n	p
b	u	m	n	w	d	b	g	n	w	p	b	m	u	g
g	m	b	d	p	w	m	u	m	d	b	n	g	w	u
m	d	w	g	u	b	n	p	m	g	m	w	d	p	b
p	b	n	m	w	d	g	u	b	n	d	u	w	g	m
u	g	w	p	b	n	d	m	u	m	g	p	b	w	d
b	w	d	n	g	u	p	b	g	p	n	d	m	u	n
n	p	u	m	d	b	g	n	d	u	m	b	g	w	p
d	w	b	g	n	p	u	g	m	n	b	w	p	d	u
u	n	p	d	w	m	b	d	p	w	g	u	b	n	g
g	b	m	u	d	n	w	g	n	u	p	m	d	b	p
p	u	w	g	p	b	w	d	b	m	w	g	n	u	d
d	m	w	b	n	p	u	w	g	n	d	p	m	b	g
n	p	g	u	m	g	d	n	w	p	w	d	u	n	b
u	d	m	n	b	w	m	p	d	u	n	g	w	p	u

Diese Übung hilft, die Wahrnehmungskonstanz zu festigen. Die Arbeitsanweisung lautet: Kreise alle „b“ ein. Dasselbe kannst du anschließend auch mit „d“, „p“ usw. machen.

Weitere Übungsvorschläge ohne spezielles Arbeitsblatt:

- Abschreiben von Buchstaben nach Vorlage auf Kästchenpapier; die Buchstaben müssen immer ganz genau in die einzelnen Kästchen passen, z.B. kleines b und großes B, g und p, d und b.
- Genaues Schreiben von Buchstaben nach Ansage; zuerst wieder passend in die Kästchen, danach ohne diese Hilfe und trotzdem genau.

Bereitet das Erfassen von Buchstaben Schwierigkeiten, kann ein Baukastensystem mit Buchstabenelementen aus Holz eine große Hilfe sein (z.B. •*XON* von Rene Michael, erhältlich über VAK). Der Schüler kann aus den einzelnen Elementen alle Buchstaben zusammenstellen. Er erfährt dabei, dass alle Buchstaben aus nur wenigen, immer gleichen Elementen gebildet werden: aus geraden Teilen, Halbkreisen und Bögen. Es kommt nur darauf an, in welcher Form diese Einzelteile angeordnet werden. Sehr deutlich wird das bei den Buchstaben b und d sowie p und q. Das konkrete Handeln mit den einzelnen Buchstabenelementen ermöglicht auch Kindern mit einer ausgeprägten Dominanz der kinestetischen Wahrnehmungsebene den Zugang zur richtigen Schreibweise der einzelnen Buchstaben und damit zu einer sicheren Buchstaben-Laut-Zuordnung. Durch das Hantieren mit den Buchstabenelementen werden zusätzlich weitere Teilleistungen geschult, wie das taktile System, die Hand-Augen-Koordination und die Raumorientierung.

Die Bedeutung der Schreibhand

Es ist möglich, dass ein Kind noch immer keine ausreichende oder gute Schreibfertigkeit entwickelt hat, obwohl wir an möglichen Problemen bei den Bewegungsrichtungen, der Hand-Augen-Koordination und der Raumorientierung gearbeitet haben. Das kann daran liegen, dass dieses Kind nicht mit der Hand schreibt, bei der es die beste Feinmotorik ausgebildet hat. Man erkennt das manchmal auch daran, dass ein Kind den Stift eigentümlich hält.

Sie können das überprüfen, wenn Sie beobachten, wie ein Kind Perlen aufreiht, einen Faden durch ein Nadelöhr führt oder andere Tätigkeiten ausführt, bei denen feinmotorische Fähigkeiten gefordert sind. Wenn sich die Hand bewegt, die den Faden durch das Nadelöhr führt, so ist das auch die feinmotorisch aktive Hand. Wenn jedoch die

Hand, welche die Nadel hält, zum Faden geführt wird, ist dies die aktive! Wenn Sie nicht sicher sind, können sie auch eine Fachfrau oder einen Fachmann aufsuchen.

Falls sich herausstellt, dass die bisherige Schreibhand nicht die feinmotorisch aktive ist, sollte das Kind, wenn das Schreiben große Probleme bereitet, dazu ermuntert werden, mit der anderen Hand zu schreiben. Wir beobachten immer wieder, vorausgesetzt der Schüler hat keine guten Kompensationsmodelle entwickelt, die erstaunlichsten und schnellen Erfolge, wenn ein Mensch entdeckt, dass er mit der anderen Hand besser schreiben kann und das dann auch macht.

9.2 Geschichten schreiben, freies Schreiben

Die Fähigkeit des freien Schreibens – also Aufsätze, kleine Geschichten und andere kreative Formen des freien schriftlichen Ausdrucks – ist auf die Zusammenarbeit beider Gehirnhälften angewiesen. Es kommt zu einem Wechselspiel beider Hälften, der intuitiven und der analytischen.

- Die intuitive Gehirnhälfte macht in dieser Zusammenarbeit stets den Anfang, da sie das große Gesamtbild entwickelt und zur Verfügung stellt. Dieses Gesamtbild stellt so etwas wie die ganze Geschichte in einer einzigen Bildsprache dar.
- Der Mensch lässt sich auf dieses Gesamtbild ein und nimmt nun bewusst einzelne Teile wahr. Wir gliedern das Gesamtbild oder entdecken Strukturen, wobei überwiegend die analytische Gehirnhälfte aktiv ist. Hieraus entwickeln wir dann beim freien Schreiben (wenn es nicht völlig konfus ist), Struktur, Aufbau oder Gliederung der Geschichte.
- Beim Erfassen der Teilbilder für die Abschnitte einer Geschichte tritt erneut die intuitive Hälfte stärker in Aktion, beim geordneten Niederschreiben oder Beschreiben die analytische Gehirnhälfte.

Das Schreiben beginnt mit dem Sehen, Beobachten und Wahrnehmen von Bildern der Außenwelt oder der Innenwelten. Daraus formt das Bewusstsein innere Bilder, die dann beschrieben und schriftlich aufgezeichnet werden können.

Häufige Probleme beim freien Schreiben:

- Aufsätze sind zu kurz; Sätze sind zu kurz und zu wenig plastisch
- Aufsätze haben keine Struktur oder wichtige Strukturteile fehlen (Anfang, Mittelteil oder Höhepunkt, Ende)
- Fantasielose Geschichten; Kinder wissen nicht, was sie schreiben sollen
- Geschichten fangen beim gewählten Thema an, verlieren sich aber später (Geschichtenwust oder „Geschwafel“, Themenverfehlung)

Ursachen

Vielen Kindern werden keine Geschichten mehr vorgelesen, bei denen sie sich zum Gehörten eigene Bilder ausmalen können. Sie lernen also nicht, schon frühzeitig zu visualisieren. Hierzu gehört auch, dass sich Kinder beim Hören von Geschichten oft auch entsprechende Geräusche vorstellen. Heute sind an die Stelle des Vorlesens häufig Fernsehen, Gameboys und Film-DVDs getreten, bei denen Bilder und Geräusche zum Text mitgeliefert werden. Das bedeutet, dass die Kinder in vielen Fällen nicht mehr die Bedingungen vorfinden, um jene Voraussetzungen, die für kreatives Schreiben erforderlich sind, entwickeln zu können. Sie haben einfach keine Übung mehr darin, Bilder und Klänge und damit verbunden auch Gefühle und Stimmungen „zu erzeugen".

Wie bereits erwähnt, ist die Fähigkeit des freien Schreibens auf die Zusammenarbeit beider Gehirnhälften angewiesen. Ist der Zugriff nur auf eine Hemisphäre leicht möglich, dann unterscheiden wir:

- Kinder, die Zugang zur intuitiven Gehirnhälfte und zu Bildern haben und wundervoll, aber nur ungeordnet schreiben können und daher eine mangelhaft ausgeprägte Fähigkeit zur analytischen Strukturierung haben;
- Kinder, die Zugang zur analytischen Gehirnhälfte und zu Ordnungsvorgängen besitzen, deren Geschichten aber nur aus kurzen Sätzen bestehen, die Tatsachen beschreiben, ohne diese jedoch bildhaft auszumalen.

Die Lösung liegt in beiden Fällen in einer verbesserten Integration der Gehirnhälften. Beim Geschichtenschreiben kommt es darauf an, dass sowohl die dominante Gehirnhälfte und ihre Fähigkeiten aktiv genutzt werden, als auch diejenigen der weniger dominanten Gehirnhälfte. Unterschiede zwischen Aufsätzen von Menschen, die mehr intuitiv orientiert sind und jenen, die eher analytisch veranlagt sind, werden immer bestehen bleiben. Der intuitive Mensch wird meist „schöne" oder „interessante" Geschichten schreiben, der analytische häufig „klare" und „geordnete". Uns ist es für die Vorschule und Schule jedoch ein Anliegen, dass Kinder den Zugang zur schwächer ausgeprägten Gehirnhälfte bewusst entwickeln und lernen, auch deren Fähigkeiten beim freien Schreiben zu integrieren.

Soforthilfemaßnahmen zur Integration der Gehirnhälften finden Sie in Kapitel 8 ab Seite 43. Hier folgen nun Hilfen zum Visualisieren und Strukturieren:

Visualisieren, wenn Kinder gar keine Bilder sehen können:

- Bildkarten, z.B. größere Memory-Karten, zeigen einfache und konkrete Gegenstände; das Kind schaut sie an und legt sie dann zur Seite; danach schließt es die Augen, „sieht" das Bild in der Vorstellung und beschreibt es.

- Bildkarten, z.B. Postkarten mit Landschaften, Gebäuden und komplexeren Informationen, werden angeschaut, weggelegt, danach wieder in Erinnerung gerufen und beschrieben.
- Fantasiegestalten, z.B. Einhorn, Drachen, Zauberer, Hexe oder Marsmännchen, werden ausgedacht und beschrieben, dann eventuell auch gezeichnet oder gemalt.

Visualisieren, wenn Kinder bereits Zugang zu dieser Teilleistung haben:

So genannte Fantasiereisen eignen sich gut, um Kinder, die bereits etwas visualisieren können, darin weiter zu fördern. Ein Beispiel:

- Setz dich bequem und entspannt hin, schließe die Augen, bleibe aber hellwach.
- Stell dir vor, dass du auf einer Wolke sitzt (in einem Freiluftballon, auf einem großen lieben Vogel ...) und hinauf zu den Wolken schwebst. (Ist das Kind ängstlich, lässt man es dicht über dem Boden schweben.)
- Wenn du nach einiger Zeit nicht mehr in den Himmel vor oder über dir schaust, sondern auf die Erde herunterblickst, was siehst du dort? Wo bist du jetzt?
- Siehst du auf der Erde etwas, wohin du hinunterschweben möchtest? Dann tue das!
- Schau dich dort um. Gibt es etwas, was dir gefällt und du mitnehmen möchtest? Nimm es an dich und steige wieder auf die Wolke (in den Freiluftballon, auf den Vogel) und schwebe nach oben.
- Jetzt kehrst du hierher an deinen Ausgangsort zurück. Spüre, wie du hier sitzt, fühle deinen Körper, öffne die Augen wieder.
- Male nun die Wolke oder den Vogel, auf dem du geflogen bist, den Ort, wo du warst, und den Gegenstand, den du mitgenommen hast.

Strukturieren

Das bewusste Wahrnehmen und Erkennen von Oberflächenstrukturen oder von Ordnungsprinzipien verschiedener Gegenstände hilft, die Fähigkeit des Strukturierens auszubilden und weiter zu fördern.

- Mit offenen Augen sehen, mit geschlossenen Augen ertasten oder durch Darüberlaufen „ergehen“, wie sich verschiedene Oberflächen anfühlen, z.B. glatte oder raue Stoffe, Kunstgras, Holzbohlen, Linoleum, Kies usw.
- Anordnung von Gegenständen bewusst wahrnehmen und beschreiben, z.B. Teller, Gläser und Besteck eines gedeckten Tisches, Anordnung von Computerbildschirm, Tastatur, Maus und Rechner, Ordnung von Stühlen um einen Tisch, Einräumen der Spülmaschine oder Einordnen der sauberen Teller, Gläser und Besteckteile in Schrank und Schublade.

- Strukturieren von Flächen: ein in mehrere Flächen unterteiltes Blatt wird mit verschiedenen Mustern strukturiert.
- Um zu lernen, wie man Strukturen erkennt, hilft auch das Ordnen von Bildern. Im Beispiel auf der folgenden Seite soll das Kind das geteilte Bild richtig zusammensetzen. (Machen sie eine Kopie des Kakadus, die von Ihnen zerschnitten und vom Kind anschließend richtig zusammengefügt wird.)
- Eine Geschichte wird zerschnitten und das Kind soll sie wieder in die richtige Ordnung bringen. Hier ein Beispiel (gekürzte u. bearb. Fassung, Bechstein 1996):

Das Kätzchen und die Stricknadeln

Aber als die Frau am nächsten Morgen aufstand, lag ein Paar gestrickte Strümpfe auf dem Tisch. Jetzt merkte sie, dass zum Lohn ihres Mitleids mit dem kranken Kätzchen ihr diese fleißigen Nadeln geschenkt worden waren. Sie ließ die Nadeln nun jede Nacht stricken, bis sie und die Kinder genug hatten. Dann verkaufte sie die Strümpfe und hatte zum Leben genug bis an ihr seliges Ende.

Nach einiger Zeit ging die arme Frau wieder in den Wald, und als sie mit ihrer Last Holz auf dem Rückweg wieder an die Stelle kam, wo das kranke Kätzchen gelegen hatte, stand eine ganz vornehme Dame dort, winkte die arme Frau zu sich und warf ihr fünf Stricknadeln in die Schürze. Die Frau wusste nicht recht, was sie denken sollte; doch legte sie die fünf Stricknadeln am Abend auf den Tisch.

Es war einmal eine arme Frau, die in den Wald ging, um Holz zu sammeln. Als sie auf dem Rückweg war, sah sie ein krankes Kätzchen hinter einem Zaun liegen, das kläglich schrie. Die arme Frau nahm es in ihre Schürze und trug es nach Hause. Dort legte sie es auf alte weiche Kleider und gab ihm Milch zu trinken. Als das Kätzchen wieder gesund war, war es mit einem Male fort und verschwunden.

Wortschatz und Satzbildung

Wortschatz und Satzbildung sind fachspezifische Bausteine des KLIPP und KLAR-Förderprogramms.

■ Soforthilfemaßnahmen zur Erweiterung des Wortschatzes:

Für das freie Schreiben ist ein möglichst großer und auch aktiv verfügbarer Wortschatz notwendig, um Personen, Gegenstände und Tätigkeiten differenziert beschreiben zu können. Es ist offensichtlich ein Unterschied, ob jemand isst oder etwas in sich hineinstopft, ob eine Person trinkt oder schlürft usw. Exemplarische Übungsbeispiele, die Sie sowohl zu Hause wie auch in der Schule einsetzen können, sind die folgenden:

a) Grobe, neutrale oder gewählte Wörter für die Begriffe *essen*, *gehen* und *reden* finden und in eine Liste eintragen:

Essen:

grobe Wörter	neutrale Wörter	gewählte Wörter
fressen –	essen	speisen

Gehen:

grobe Wörter	neutrale Wörter	gewählte Wörter
schlurfen –	gehen	stolzieren

Reden:

grobe Wörter	neutrale Wörter	gewählte Wörter
brüllen –	sprechen	vortragen

b) Aufbau von Wortfeldern um einen Kernbegriff herum: Ein Begriff wird ausgewählt, weitere Begriffe werden daraus gebildet; das Ursprungswort soll immer vollständig enthalten sein. Ein Beispiel:

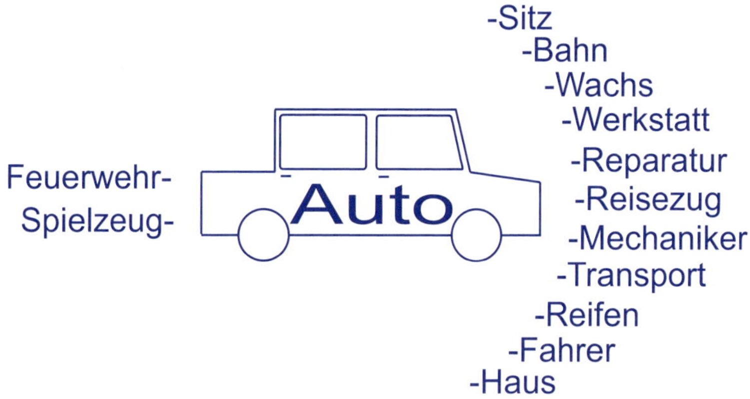

c) Lückentexte ausfüllen: Ein vorgegebener Text weist Lücken auf. Diese Lücken werden vom Kind vervollständigt. Ein Beispiel:

> Es war einmal eine arme _____________, die in den Wald ging, um _____________ zu sammeln. Als sie auf dem Rückweg war, sah sie ein krankes Kätzchen hinter einem Zaun liegen, das kläglich _____________. Die _____________ Frau nahm es in ihre Schürze und trug es nach _____________. Dort legte sie es auf alte weiche Kleider und gab ihm _____________ zu trinken. Als das _____________ wieder gesund war, war es mit einem Male fort und verschwunden.

■ Hilfsmaßnahmen für die Fähigkeit, Sätze zu bilden:

Satzstruktur wird nach einer Vorgabe übernommen:

- Die Mutter schläft.
- Der Vater _______________ (das Kind fügt hier das Tätigkeitswort ein).
- Die Oma _______________.
- Das Baby _______________.

Sätze werden verlängert:

- Die Mutter kocht.
- Die Mutter kocht *in der Küche.*
- Die Mutter kocht heute Abend *in der Küche.*
- Die Mutter kocht heute Abend *in der Küche* **für alle ein Abendessen.**

Sätze werden gebaut:

Alle Satzteile werden jetzt vorgegeben, durch Verschieben einzelner Satzteile bilden die Kinder jedoch unterschiedliche Sätze:

- Herr Huber *bleibt* nachdenklich **am Bachrand** STEHEN.
- **Am Bachrand** *bleibt* Herr Huber nachdenklich STEHEN (alle Wörter verwenden).
- *Bleibt* Herr ____?

Diese Übungen eigen sich gut sowohl für die Arbeit mit einem einzelnen Kind wie auch in der Gruppe oder Klasse als Wortspiele, bei denen immer andere Lücken ausgefüllt oder andere Sätze erweitert werden.

Vorübungen für das freie, kreative Schreiben:

Hierfür eignen sich Assoziationsübungen, im Folgenden finden Sie einige Beispiele (zum Thema ABC-Listen siehe auch Birkenbihl 2002 und 2004). Zum Begriff Baum, der aus Holz ist und Früchte tragen kann, werden Assoziationen gefunden, indem man das Wort Baum senkrecht schreibt und zu jedem seiner Buchstaben ein neues Wort findet, dass mit dem Begriff Baum in Zusammenhang steht. Dieses neue Wort wird niedergeschrieben:

Baum	Mein Winter-ABC	Mein Ferien-ABC
Braun	**A**pfelsine	...
Apfel	**B**acken	**F**aulenzen
Urwald	**C**hristbaum	**G**roße Ferien
Marionette	...	**H**itzefrei
		...

■ **Hilfsmaßnahmen, um Dinge, Abläufe oder Situationen schriftlich darzustellen:**

Für diese Fähigkeit gibt es den Fachbegriff „Verschriften", den wir hier jedoch nicht weiter verwenden wollen. Es geht auf einer Vorstufe zum freien Schreiben darum, dass Kinder Dinge, die sie sehen oder erleben, auch beschreiben können, und zwar nicht nur mündlich, sondern eben auch in schriftlicher Form, z.B.:

- Jemand telefoniert. Der Vorgang wird Schritt für Schritt genau vorgemacht, das Kind bildet dazu Sätze und schreibt sie auf.
- Eine Person backt einen Kuchen; das Kind beschreibt den Vorgang.
- Ein Patient wird vom Arzt untersucht; das Kind beschreibt es.

■ **Ideennetze knüpfen:**

Dieses Hilfsmittel können wir (ähnlich wie „Cluster" oder „Mind-Map®", siehe Seite 62) zur Unterstützung und Integration intuitiver und analytischer Fähigkeiten einsetzen, sowohl zu Hause als auch in der Schule. Ich möchte eine etwas abgewandelte Form vorstellen, die sich in der Praxis aber sehr gut bewährt hat. Die Abfolge ist:

1. Das Thema wird vorgegeben.
2. Eine Bildvorstellung zum Thema wird entwickelt.
3. Dazu werden nun Begriffe assoziiert, die man auf verschiedene „Äste" schreibt. Es spielt keine Rolle, ob man dabei hin und her springt oder nicht.
4. Hat man das Ideennetz fertig gestellt, wählt man drei, vier oder fünf Begriffe aus, die für die eigene Geschichte wichtig scheinen und aus denen sie entwickelt wird.
5. Dann entscheidet man, mit welchem Begriff und Bild die Geschichte beginnt, welcher Begriff oder welches Bild den Hauptteil ausmacht und schließlich, was am Ende steht.
6. Dann schreibt man seine Geschichte auf.
7. Zur Ausschmückung kann man sich nun einiger passender Zwischenelemente aus dem Ideennetz bedienen.

Ein Thema wird vorgegeben, z.B.: „Das ist noch einmal gut gegangen!" Zu diesem Thema stellt sich das Kind ein Bild der Situation vor. Zum Beispiel ein Auto, das ins Schleudern gerät. Dann kommen in freier Assoziation weitere Bilder und Begriffe hinzu: rutschige Fahrbahn, erschreckter Beifahrer, auf die Bremse treten, seufzen, Gefahr, nahe an der Hauswand, Stehenbleiben des Autos, Erleichterung.

Das ist noch einmal gut gegangen

Wir wohnen in der Stadt. Einmal im Herbst durfte ich mit meinem Vater aufs Land fahren. Wir wollten Freunde besuchen, die auf einem Bauernhof leben. Der Besitzer hat viele Kühe zu versorgen, die Milch geben. Seine Frau kümmert sich um Hühner, die Eier legen. Wir fuhren schon ziemlich früh los. Die Straßen in der Stadt waren fast leer. Es hatte vorher etwas geregnet und es lag Laub auf den Straßen. Als wir um eine Kurve fuhren, merkte ich, dass unser Auto rutschte. Mein Vater sah ganz erschrocken aus und wurde bleich. Er drehte nervös am Lenkrad und versuchte zu bremsen, aber das Auto reagierte nicht so wie sonst. Wir rutschten langsam auf eine Hausmauer zu und ich dachte: „Gleich kracht es!" Ich hatte aber keine Angst, weil alles so langsam ging. Plötzlich gab es einen kleinen Knall und das Auto stand, aber immer noch ziemlich weit weg von der Mauer. Es war mit den Reifen an den Randstein des Bürgersteigs gekommen und gestoppt worden. Mein Vater seufzte auf und sagte: „Das ist noch einmal gut gegangen!"

■ Angefangene Geschichte fertig schreiben:

Eine Geschichte, deren Anfang wir kennen, wird zu Ende geschrieben:

Hans schaufelt Gold

An einem Feiertag hütete Karl, ein etwas einfältiger Mensch, die Ochsen seines Bruders Hans an einem See. In der Mittagsstunde kommt Hans bei strahlender Sonne mit einem Eimer voller Gold aus dem See. Er schüttet das Gold aus dem Eimer auf die feuchte Erde. Dann beginnt er, das Gold so unter die Erde zu schaufeln, wie man es mit Mist tun würde, den man als Dünger in die Erde einbringt. Der Hirte Karl sieht ihm ruhig zu und bleibt auch liegen, als Hans ihm zuruft, er solle doch zu ihm kommen und mitmachen. Erst beim dritten Ruf steht er auf und geht hin. ...

Wie könnte es wohl weitergehen?

■ Satzanfänge vervollständigen:

- Als wir am tiefgrünen Bergsee ankamen, sahen wir ... (z.B. einen einsamen Angler in seinem kleinen Boot sitzen, der geduldig darauf wartete, dass ein Fisch anbiss.)
- Plötzlich ...
- Mit großer Kraft ...

Ein wichtiger Hinweis zum Thema freies Schreiben:

Sobald das Kind eine gewisse Schreibfertigkeit erworben hat, bereitet es ihm meist große Freude, auch tatsächlich selbst zu schreiben. Natürlich wird es in der Anfangsphase des freien Schreibens manche Rechtschreibfehler machen. Das ist nicht weiter schlimm und sollte aus zwei Gründen unter keinen Umständen negativ vermerkt, rot angestrichen oder sonst irgendwie thematisiert werden. Erstens verlieren sich solche Anfangsfehler in der Rechtschreibung und setzen sich, so unsere langjährige Erfahrung aus der Praxis, nicht fest. Zweitens demotiviert eine zu frühzeitige Beurteilung der Rechtschreibung die Freude des Kindes, überhaupt selbst zu schreiben.

Am Anfang der Entwicklung steht immer die Schreibfertigkeit und die Freude am Schreiben; deutlich später und wirklich erst an letzter Stelle kommt die Rechtschreibung als zusätzliche Fähigkeit hinzu.

Was tun, wenn Kinder keine Lust zum Schreiben haben?

Ab und zu beobachten Lehrer, dass Schüler abwehrend reagieren, wenn sie nur ankündigen, dass eine Geschichte geschrieben werden soll. Diese Schüler brauchen einen besonderen Anreiz zum Schreiben, und zwar in Bezug auf das Thema; bei einer individuellen Schreibschwäche benötigen sie weitere Hilfestellungen.

■ Themenvorgabe

Schüler wollen meist über ganz andere Themen schreiben, als sie von Lehrern oder Eltern vorgegeben werden. Nun käme es darauf an, vor allem wenn die Lust am Schreiben geweckt werden soll, die Schüler selbst entscheiden zu lassen, worüber sie schreiben möchten, z.B. über Hobbys, persönliche Interessen, Fernsehsendungen, neue DVDs oder Computerspiele. Schließlich geht es hier vor allem darum, das freie Schreiben zu üben und die Fähigkeit auszubilden oder bestehende Hemmungen abzubauen.

■ Schreibschwäche

Wenn der Schüler mit dem Schreiben bestimmter Wörter Schwierigkeiten hat und deshalb zögert, Geschichten zu schreiben, bekommt er die Erlaubnis, in seiner Niederschrift dort Lücken zu lassen, wo er diese Wörter verwenden will. Wann immer eine solche Lücke auftaucht, darf der Schüler zum Lehrer kommen, ihm die Lücke zeigen und sagen, welches Wort er verwenden möchte. Der Lehrer schreibt die Wörter dann direkt in den Aufsatz hinein, das „Problem“ ist gelöst. Zur Erinnerung: Es geht hier lediglich darum, „schreibfaule“ oder „schreibschüchterne“ Schüler zu ermuntern, selbst Geschichten zu schreiben.

In extremen Fällen, wenn ein Kind überhaupt nicht schreiben wollte, hat sich eine besondere Starthilfe bewährt: Das Kind musste gar nicht selbst schreiben, sondern durfte seine Geschichte erzählen. Eine andere Person (z.B. der Lehrer) hat sie aufgeschrieben und das Kind konnte die eigene Geschichte nun nachlesen. Das war für die Kinder immer ein besonderes Erlebnis und hat sehr häufig dazu geführt, dass sie anfingen, selbst zu schreiben.

9.3 Rechtschreibung

Die Ausbildung der Schreibfertigkeit, also ganz automatisch schreiben zu können, steht am Anfang. Dann entwickelt sich die Freude des Kindes am Schreiben. Und erst danach geht es um das richtige Schreiben, um die Rechtschreibung.

Der wichtigste Grund für eine Rechtschreibung ist, damit wir all die Dinge, die wir anderen schriftlich mitteilen möchten, auch so ausdrücken können, dass die anderen sie verstehen. Beispiele sind „mehr" und „Meer" oder „Leere" und „Lehre", die – falsch geschrieben – einen anderen Sinn oder gar keinen ergeben.

Rechtschreiben hat nichts mit Intelligenz zu tun, wie häufig noch vermutet wird. Nicht Logik ist gefragt, sondern Lerntechniken. Warum? Weil unsere Rechtschreibung nicht intelligent ist, sondern teilweise allmählich gewachsen, teilweise mit neuen Regeln im Lauf der Zeit verändert wurde. Wir finden logische und zum Teil auch völlig unlogische Zusammenhänge, viele Ausnahmen – und Ausnahmen von den Ausnahmen.

Blog Content

Deshalb geht es vor allem darum, Techniken für besseres Aufnehmen und Abspeichern zu erlernen. Statt wie früher nur stur zu „pauken" und die linke Gehirnhälfte zu bemühen, sollte ein Bewusstmachen und Abspeichern in beiden Gehirnhälften erfolgen. Bei ganzheitlichem Lernen, auch in der Rechtschreibung, stehen Formen, Farben, Bilder und Geschichten gleichberechtigt neben der richtigen Aneinanderreihung einzelner Buchstaben.

Unter den rund 300.000 Wörtern der deutschen Sprache, die den (passiven) Wortschatz eines gut ausgebildeten Menschen ausmachen, gibt es *Mitsprechwörter*, *Nachdenkwörter* und *Lernwörter*. Mehr als die Hälfte dieses optimalen Wortschatzes besteht aus Mitsprechwörtern, die wir genauso schreiben, wie wir sie sprechen. Man bezeichnet sie auch als „lautgetreue" Wörter. *Mitsprechwörter* sind am leichtesten zu lernen.

Mitsprechwörter

Ein Beispiel: „Wir finden unter der Blume einen Wurm.“ Dieser Satz enthält nur „lautgetreue“ Wörter. Der Schüler kann sie richtig schreiben, wenn er die Wörter beim Schreiben in Gedanken mitspricht und auf ihren Laut achtet. Spricht das Kind dabei gedehnt mit (so genanntes „Dehnsprechen“), also „... d-e-r B-l-u-m-e ...“, zerfällt das Wort in seine Bestandteile und lässt sich leichter richtig schreiben.

■ Probleme bei Mitsprechwörtern

1. Dialekt: Probleme in der Rechtschreibung durch Mitsprechen können aufgrund von Dialekten entstehen. Wenn Kinder anders sprechen als die Schriftsprache es vorsieht, können sie die Hilfe durch das Mitsprechen natürlich nicht sofort nutzen, sondern sie sollten zunächst dazu angehalten werden, in der Schriftsprache zu sprechen.
2. Mangelnde Wahrnehmung von Lauten: Manchen Kindern hilft es nicht, Wörter beim Schreiben gedanklich oder halblaut mitzusprechen, weil sie sich der Laute, die in einem Wort vorkommen, nicht bewusst sind. Der Fachbegriff für diese Teilfähigkeit lautet „phonologische Bewusstheit“. Ein Beispiel:

   Wenn Kinder das „o“ in dem Wort Sonne nicht mitsprechen oder „mitlauten“ können, weil sie es nicht getrennt als „o“ wahrnehmen, sondern entweder gar nicht oder aber als „a“, dann besteht bereits auf dieser Ebene ein Rechtschreibhindernis. Bei solchen Kindern sollten die Hörfähigkeit und die Hörverarbeitung überprüft werden. Man vergewissert sich zuerst, dass diese Kinder Geräusche in der nonverbalen Ebene aufnehmen und differenzieren können, erst dann kann eine Überprüfung auf verbaler Ebene stattfinden, zum Beispiel mit Übungsformen zur Lautisolierung und -differenzierung.

Übung zur Lautisolierung

Dem Kind werden Wörter vorgesagt und es soll zum Beispiel hören, ob in diesem Wort ein „o“ vorkommt und ob dieser Vokal am Anfang, in der Mitte oder am Ende des Wortes zu hören ist: Sonne, Oma, Sofa, Auto, Radio, Rose usw. Das Gleiche gilt auch für Konsonanten.

Übung zur Lautdifferenzierung

Das Kind soll zwischen ähnlich klingenden Lauten unterscheiden: Tanne, Kanne, Wanne, Spanne, Panne usw. Wenn bei der Wahrnehmung einzelner Laute anhaltende Probleme auftauchen, empfehle ich eine Beratung beim Logopäden.

Nachdenkwörter

Diese Wörter kann das Kind richtig schreiben, wenn es über ihre Schreibweise nachdenkt, wenn es überlegt, wie man sie zum Beispiel ableiten kann. Bei dem Beispiel „er geht“ weiß der Schüler nicht, ob „geht“ mit oder ohne „h“ geschrieben wird. Bildet er nun eine Ableitung dazu mit der Form „wir gehen“, hört er, dass das „h“ in dem Wort „gehen“ mitgesprochen wird, anders als bei „er geht“. Nun überlegt der Schüler: Wenn das Mitsprechwort „gehen“ mit „h“ geschrieben wird, dann sollte ich auch „geht“ mit „h“ schreiben.

Das Gleiche gilt für „stehen“ und die Aufforderung: „Steh!“. Ein weiteres Beispiel für ein Nachdenkwort ist „vorlaufen“. Darin steckt die Vorsilbe „vor“, die häufig auftaucht und immer gleich geschrieben wird, nämlich mit „v“ – und nicht etwa mit „f“. Daher ist die Vorsilbe ein *Lernwort*. Wenn ich dieses Lernwort kenne, dann kann ich „vorlaufen“ ableiten, indem ich die Silbe „vor“ und das Wort „laufen“ zusammenfüge.

Hilfestellungen für die Arbeit mit Nachdenkwörtern

Eine gute Hilfe für die Arbeit mit Nachdenkwörtern ist die Zerlegung eines Wortes in Anfangs-, Grund- und Endbaustein. Das ist etwas anderes als das Zerlegen in Silben. Wenn man das Wort in Bausteine zerlegen und die einzelnen Bausteine schreiben kann, dann kann man auch das ganze Wort richtig schreiben. Hier einige Beispiele:

Zu den Anfangsbausteinen zählen Vorsilben wie vor-, ver-, zer-, unter-, auf-, zu-, weg- usw., also wie in den Wörtern:

- vor-schreiben, ver-suchen, zer-brechen, unter-scheiden, auf-machen, zu-schließen, weg-gehen usw.

Zu den Grundbausteinen gehören z.B. -halt-, -sprech- und -spiel-:

- Unter-halt, Halt-ung, Unter-halt-ung, auf-halt-en, durch-halt-en, halt-bar usw.
- vor-sprech-en, zu-sprech-en, sprech-end usw.
- ver-spiel-t, vor-spiel-en, Nach-spiel usw.

Zu Endbausteinen zählen u.a. -t, -en, -end, -ig, -heit, -keit, -is, -ung, -bar, -sam, -lich:

- spiel-end, sprech-end, halt-end; Halt-ung, halt-bar, Halt-bar-keit usw.

Lernwörter

Bei *Lernwörtern* liegt weder ein lautgetreues Schreiben noch eine logische Ableitung nahe. Beispiele für Wörter, die genau gleich klingen und für die eine Unterscheidung durch Ableitung nicht direkt möglich ist, sind:

- Lid und Lied (i oder ie)
- Fahne und Volk (F oder V)
- Volk und Vase (beide Male V, obwohl anders ausgesprochen)
- häckseln und Hexe (äcks und ex)

Gerade bei den Lernwörtern sollte man sich, um die Kinder optimal zu fördern, zunächst auf den Wortschatz der Kinder beschränken. Man findet ihn meist auf den letzten Seiten der Sprachlehrbücher der jeweiligen Klassenstufe abgedruckt.

Hilfestellungen für die Arbeit mit Lernwörtern

1. Unterteilen in Silben:

   Seit Langem bekannt ist die Technik, Wörter in einzelne Silben aufzuteilen, sozusagen kleine „Wort-Portionen" zu bilden (die Technik heißt „Versilben"), z.B.: Scho-ko-la-de.

   Damit der Schüler das Zerlegen in Silben besonders gut wahrnehmen kann, empfehle ich das Silbensprechen mit einer Bewegung des ganzen Körpers zu verbinden. Jede Silbe wird mit einem Schritt zur Seite und einem Schwingen der Arme begleitet.

   Hierdurch wird die kinestetische Wahrnehmung aktiviert und die strukturierte Auffassung geschult. Das Wort wird gesehen, gesprochen und damit auch gehört, in Bewegungen umgesetzt und schließlich geschrieben. Das ist ein Beispiel für eine „intermodale Verbindung".

2. Ganzheitliches Lernen mit Formen, Farben und Geschichten:

   Die ganzheitliche Vermittlung mithilfe von Formen, Farben, Geschichten usw. dient dem besseren Verankern von Lernwörtern. Dass der Begriff „Meer" mit zwei „e" geschrieben wird, kann z.B. folgendermaßen verankert werden.

Zum ersten Mal am Meer

Meine Eltern fragten uns, wo wir in diesem Jahr Ferien machen sollten, in den Bergen oder am Meer. Meine Schwester und ich riefen gleich: „Bitte am Meer, am Meer." Wir waren ganz aufgeregt und malten uns aus, wie wir am Meer Sandburgen bauen, Muscheln am Strand sammeln und in das Meer hineinlaufen würden. Unser Vater fragte: „Was meint ihr, ist das Meerwasser an der Adria salzig oder süß?" „Meerwasser ist immer salzig", meinte meine Schwester. „Hast du denn keine Angst vor Fischen, Krebsen und anderen Tieren im Meer? Vielleicht gibt es da sogar Meeresungeheuer?" Ich war mir sicher, dass es im Meer nichts gab, wovor ich Angst haben müsste. Ich stellte mir vor, wie ich mit dem Schnorchel Fische beobachten würde.

Übrigens: Es hat sich nicht als förderlich erwiesen, zwei ähnliche Dinge gleichzeitig zu üben. Wenn in der Geschichte über das Meer das Wort „mehr" ebenfalls sehr oft vorkommt, damit es das Kind gleich „mitlernt", kommt es eher zu einer wiederkehrenden Verwechslung und kein Wort kann mit der entsprechenden Geschichte verankert werden.

Wie lernt man Lernwörter am besten? Nach meiner Erfahrung lernen Kinder durch emotionale Besetzung von Wörtern in Zusammenhang mit Geschichten, Bildern, Formen usw. und durch häufiges Wiederholen. Zur Wiederholung hat sich eine „Wörter-Kartei" bewährt.

3. Die Wörter-Lernkartei: Gelernte Wörter sicher verankern

Dazu braucht man Karteikarten (die sich die Kinder aus Karton auch selbst zurechtschneiden können), eine kleine Schachtel, in welche die Karteikarten hineinpassen, und dann noch drei Zwischenblätter, mit denen sich die Karteikarten gut sichtbar in drei Gruppen unterteilen lassen. Auf dem ersten Zwischenblatt steht „täglich üben", auf dem zweiten „einmal in der Woche anschauen" und auf dem dritten „ab und zu überprüfen".

Wörter, die neu gelernt und noch nicht richtig verankert sind, werden einzeln in Druckschrift oder Schreibschrift auf die Karteikarte geschrieben und das Wort wird mit einem Rahmen versehen (so haben die Kinder auch das Wortbild sofort im Blick). Anfangs sind das vielleicht 20 bis 30 verschiedene Wörter.

Arzt schwierig nämlich

Das Kind fängt nun an, indem es höchstens sieben Karteikarten in den ersten Abschnitt der Schachtel stellt und diese Wörter täglich übt, sie also liest, auf ein Blatt frei schreibt und die Rechtschreibung überprüft.

Nach einer Woche kommen alle Wörter, die schon sicher beherrscht werden, in den Abschnitt „einmal in der Woche anschauen". So viele, wie dorthin gewandert sind, werden zum täglichen Üben neu hinzugenommen. Es sollten aber nie mehr als sieben Karteikarten im ersten Abschnitt stehen. Wenn bei den Wörtern im zweiten Abschnitt keine Probleme mehr auftauchen, wandern diese in den dritten und letzten Abschnitt usw. Auf diese Weise können in einem Monat zum Beispiel etwa 30 schwierige Wörter verankert werden.

4. Lernwörter über das Muskelgedächtnis verankern:
   Kindern, die dazu neigen, Informationen über den kinestetischen Kanal besser als über andere aufzunehmen, hilft das häufig wiederholte Aufschreiben von schwierigen Wörtern, weil ihr „Muskelgedächtnis" die richtige Schreibweise speichert. Kinder, die eher visuell orientiert sind, speichern die richtige Schreibweise vor allem über das Wortbild. Beiden hilft man durch mehrfaches Untereinanderschreiben des schwierigen Lernwortes, das sich sowohl durch die Wiederholung wie auch durch sein Wortbild einprägt:

Vase	**gehen**
Vase	**gehen**
Vase	**gehen**
Vase	**gehen**

5. Das Gedächtnis unterstützen:

   Die Fähigkeit, sich Wörter richtig zu merken, hängt vom Zugang zum Langzeitspeicher bzw. Langzeitgedächtnis ab, denn dort werden die Wörter gespeichert. Das Langzeitgedächtnis wird der rechten, intuitiven Gehirnhälfte zugeordnet. Deshalb kommt es für Kinder, die wiederholt Rechtschreibprobleme haben, darauf an, die Integration zu fördern.

   - Eine einfache Möglichkeit ist, die Wortkarten in das linke obere Blickfeld des Schülers zu halten. Damit wird die Abspeicherung in der rechten Gehirnhälfte begünstigt. Sicher haben sehr viele Lehrerinnen und Lehrer bereits die Erfahrung gemacht, dass die Schüler sich das, was links oben an der Tafel steht, generell am besten merken.

- Ein zweiter Ansatz besteht darin, das schwierige Wort emotional zu „besetzen“. Die Karteikarte mit dem schwierigen Wort wird dem Teddybär in den Schoß gestellt oder am Lieblingsbild befestigt usw.
- Eine dritte Möglichkeit stellt die Assoziation von Bildern zu dem schwierigen Wortteil dar. Beim Beispiel Meer könnte man dem Kind vorschlagen, sich auszumalen, wie zwei Elefanten im Meer baden. Das doppelte „ee“ im Wort Meer wird durch die zwei Tiere, deren Name mit einem E beginnt, assoziativ gespeichert. Wir haben mit dieser Methode immer sehr gute Resultate erzielt!

6. Hilfen für das Diktat: Texte, die Sinn machen.

Es fällt so gut wie allen Kindern leichter, Diktate zu schreiben und dabei Fehler zu vermeiden, wenn die Texte einen Sinn ergeben. Ein Beispiel:

Unsere Vorbereitungen für den Besuch im Zoo

Die Klassenlehrerin fragte vor Kurzem, ob wir als Schulausflug lieber ein Museum mit vielen Bildern oder einen Zoo mit vielen Tieren besuchen wollten. Fast alle riefen, dass sie lieber Tiere anschauen wollten. Also planten wir einen Besuch im Zoo. Wir mussten erst einmal herausfinden, ob der Zoo jeden Tag geöffnet ist oder nicht, wann er aufmacht und wie lange er offen hat. Wir wussten schon, dass wir von der Schule mit der Straßenbahn hinfahren können. Außerdem überlegten wir, wie viel der Eintritt für den Zoo und die Fahrkarte dorthin kosten würde. Es wurde beschlossen, dass die Schüler, deren Eltern nicht so viel Geld verdienen, Hilfe aus der Klassenkasse bekommen. Die Lehrerin besorgte einige Prospekte über den Zoo. So konnten wir entscheiden, bei welchen Tieren wir anfangen und wo wir aufhören wollten. Am Morgen, als wir uns in der Schule trafen, um gemeinsam mit der Straßenbahn zum Zoo zu fahren, waren alle schon ganz aufgeregt.

7. Sinnvoll üben:

Die herkömmliche Methode, für ein Diktat zu üben, besteht darin, den Text anzusagen und dann durch das Anstreichen von Fehlern, oft in Rot, zu verbessern. Der Schüler soll das falsch geschriebene Wort dann etliche Male richtig schriftlich wiederholen. Meiner Meinung nach wird durch das Hervorheben des Fehlers dieser nur optisch verankert. Das verstärkt tendenziell eher den Fehler, als dass es hilfreich wäre.

Besser ist meiner Erfahrung nach, neben dem Kind zu sitzen und es während des Schreibens zu begleiten. Sobald es beginnt, einen Schreibfehler zu machen, wird es gestoppt. Das erst im Ansatz falsch geschriebene Wort wird durchgestrichen, das Kind beginnt erneut. Wenn das Wort richtig geschrieben ist, wird es umrahmt.

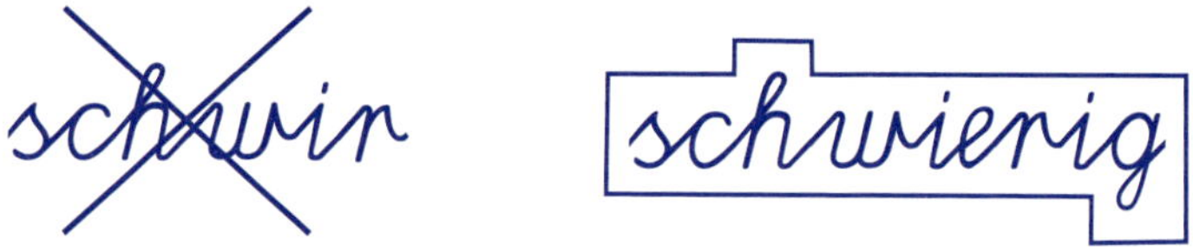

8. Bewertung von Diktaten:

   Wenn Diktate geschrieben und danach verbessert werden, ist es günstiger, nicht die absolute Anzahl der Fehler zu nennen, also zu sagen oder zu schreiben: „Du hast fünf (oder sieben) Fehler gemacht", sondern die Fehler im Verhältnis zur Gesamtzahl der Wörter anzugeben. Dann könnte man sagen oder schreiben: „Du hast von sechzig Wörtern fünf (oder sieben) nicht richtig geschrieben."

So zeitaufwendig die beide letztgenannten Hilfestellungen für Lehrer auch sein mögen, so sehr liegt darin eine gute Motivation für die Schüler!

10 Lesen

Lesefertigkeit und Schriftsprache gehen Hand in Hand, Lesen und Schreiben ergänzen sich. Zahlreiche Übungen, die in Kapitel 9 behandelt wurden, führen auch zur Ausbildung einer immer besseren Lesefähigkeit. In diesem Kapitel werden daher nur zusätzliche wichtige Punkte angesprochen.

Was macht eine gute Leserin, einen guten Leser aus? Wann sagt man, dass ein Kind gut lesen kann? Ein Schüler kann gut lesen, wenn er flüssig und Sinn erfassend liest. Jemand kann gut vorlesen, wenn er darüber hinaus verständlich spricht, das heißt gut artikuliert und dabei doch zusammenhängend und vor allem so liest, dass die Zuhörer den Sinn erfassen.

Fachlich ausgedrückt würde man sagen: Ein Kind liest gut, wenn es die verschiedenen Lesestrategien beherrscht und variabel einsetzt. Auf die wichtigsten Lesestrategien kommen wir im Folgenden noch zurück. Zunächst einmal und vor allem anderen kommt es aber darauf an, dass die Texte, die gelesen werden sollen, richtig aufbereitet sind.

Dabei spielen diese Faktoren eine Rolle:

- Schriftgröße: 16 bis 20 Punkt für Leseanfänger, danach 14 bis 16 Punkt
- Schriftart: möglichst klare Schrift verwenden (z.B. Arial)
- Zeilenabstand: Abstand zwischen den Zeilen größer als Abstand zwischen den Wörtern
- Zeilenlänge: Länge der Zeile sollte den Sinn des Satzes unterstützen, z.B.:

  Simone und ihr Vater
  gingen in den Zoo.

- Kontrast zwischen Schriftfarbe und Papierfarbe: Ist der Kontrast extrem hoch (tiefschwarze Schrift auf hochweißem Papier), kann es zu Seh- und Wahrnehmungsstörungen kommen. Es hat für die Kinder den Anschein, als ob sich die Schrift bewegt und die Buchstaben „tanzen". Legt man Farbfolien über den Text, können die Kinder häufig viel besser lesen (man sollte testen, welche Folienfarbe am besten hilft; vgl. Irlen 1997).

Diesen Kriterien sollten Texte für Erstleser und Leseanfänger entsprechen sowie für Kinder, die sich auch später noch sehr schwer mit dem Lesen tun. Im Folgenden finden Sie drei beispielhafte Lesetexte, welche diese Anforderungen erfüllen.

Ein Holzhauer
war an einem See beschäftigt.
Monatelang brachte eine Meerjungfrau,
die aus dem Wasser kam,
das Mittagessen.
Er sollte das aber niemandem verraten.
Seiner eigenen Frau fiel auf,
dass er das Essen,
welches sie ihm mitgab,
meistens zurückbrachte.
Sie fragte ihn so lange und eindringlich,
bis er ihr den Grund erzählte.

Als er am nächsten Tag wieder in der Nähe des Sees arbeitete, kam die Frau aus dem Wasser mit zwei Ballen Stroh und sagte, dass sie ihm kein Essen mehr bringen würde, weil er die Sache weitererzählt habe. Zum Abschied schenkte sie ihm jedoch noch die zwei Ballen Stroh, die er sorgfältig aufbewahren sollte. Danach ging sie in den See zurück und wurde nicht mehr gesehen.

Trotz ihrer Ermahnung warf der Mann auf dem Heimweg das Stroh einfach weg; ein Halm aber blieb ihm am Ärmel hängen. Zu Hause stellte er fest, dass sich dieser Strohhalm in Gold verwandelt hatte. Eilig begab er sich nun an den Ort, wo er die beiden Strohballen weggeworfen hatte, aber dort war nichts mehr zu finden.

Da für den Lesevorgang vor allem visuelle Fähigkeiten erforderlich sind, sollte zuerst deren Verfügbarkeit überprüft werden:

- Was passiert, wenn das Kind diese Texte liest?
- Wird es schnell müde?
- Schmerzen die Augen?
- Beginnen sie zu tränen? Falls ja, sollte der Grundbaustein „Visuelle Fähigkeiten" (siehe Seite 32) erneut gestärkt werden, da bereits das Bewegen der Augen dem Kind Probleme bereitet.
- Wenn die Fehler wiederholt in der Zeilenmitte auftauchen, sollte man den Grundbaustein „Integration" (siehe Seite 32) aktivieren, da offensichtlich genau im mittleren Bereich, wo beide Augen zusammenarbeiten sollen, ein Problem besteht.
- Falls ein Schüler ein Wort zwar richtig zu lesen beginnt, aber in der Wortmitte „zurückspringt" und nun den zweiten Teil des Wortes nicht mehr von links nach rechts, sondern von rechts nach links liest, dann steckt meist eine ausgeprägte Dominanz des linken Auges dahinter. Ein Beispiel:

Schokolade	wird dann als
Schoko-edal ——➤ ◄—	oder nur als
Schoko-eda	gelesen.

Schoko-edal entsteht, weil das Auge zwar zunächst von links nach rechts liest, dann aber plötzlich ganz nach rechts an das Ende des Wortes springt und von dort aus rückwärts liest.

Die Augendominanz können Sie in jedem KLIPP und KLAR-Lernstudio überprüfen lassen. Sie können selbst einen ersten Eindruck gewinnen, indem das Kind die Arme nach vorne ausstreckt und mit den Händen ein „Guckloch" bildet, durch das es auf den Text vor sich blickt. Nun zieht es die Hände immer näher zum Gesicht und blickt dabei durch das Guckloch. Vor welches Auge hält es die Hände? Das ist das dominante Auge beim Lesen von Texten.

Zur Aktivierung der Zusammenarbeit beider Augen ist der Grundbaustein für die „visuellen Fähigkeiten“ (siehe Seite 32) geeignet.

Unter Umständen bereitet es einem Kind auch Probleme, Buchstaben und Wörter lange genug zu fixieren, um sie wirklich zu erfassen. Auch hier kann das Programm für die Stärkung der visuellen Fähigkeiten wieder helfen.

Sind die genannten Voraussetzungen ausreichend erfüllt, sollte die selektive Aufmerksamkeit überprüft werden. Sie ist zum Aufbauen der verschiedenen Lesestrategien von großer Bedeutung.

10.1 Selektive Aufmerksamkeit

Die selektive Aufmerksamkeit arbeitet wie ein gut funktionierender Filter, der auf etwas Bestimmtes eingestellt wird. Es geht darum, dass unsere Wahrnehmung, unsere Aufmerksamkeit ganz gezielt gesteuert wird. Kinder, die nicht über diese Fähigkeit verfügen, wirken im Allgemeinen unaufmerksam und unkonzentriert, weil sie generell alles interessant finden und sich nicht auf eine Sache konzentrieren können. Für das Lesen ist die Fähigkeit der selektiven Aufmerksamkeit jedoch erforderlich, um einzelne Buchstaben, Wortteile und Wörter rasch erfassen zu können.

Die selektive Aufmerksamkeit des Kindes entwickelt sich sehr früh auf der Körperebene, und zwar beim Greifen nach Dingen, beim Aufstützen, Heben des Kopfes, Drehen von der Bauch- in die Rückenlage usw. Den genauen Prozess detailliert zu schildern, würde hier zu weit führen (weitere Information vgl. Goddard-Blythe 2004). Wenn im Kleinkindalter die Fähigkeit ausgebildet wird, bestimmte Muskeln und Muskelgruppen, die für gewisse Aufgaben gebraucht werden, voneinander (noch unterbewusst!) zu unterscheiden und zu gebrauchen, dann wird der Transfer der selektiven Aufmerksamkeit in den visuellen Bereich zu einem natürlich verlaufenden Prozess.

Das gelingt, nach meiner Praxiserfahrung, nicht ausreichend, wenn bei den Kindern alle oder zu viele Muskeln gleichzeitig angespannt sind, wie es häufig bei „hyperaktiven“ Kindern der Fall ist, oder wenn sie ohne ausreichende Spannung sind.

Um die selektive Aufmerksamkeit zu fördern, ist viel Bewegung grundsätzlich günstig, weil sie dann auf der körperlichen Ebene entwickelt und verankert wird. Aber auch für das Aktivieren im visuellen Bereich gibt es im Alltag immer wieder gute Gelegenheiten, beispielsweise kann man den Fahrplan oder Stundenplan lesen, Wörter im Wörterbuch nachschlagen, Schnittpläne nachfahren, die Karte des eigenen Ortes lesen (Schule, Bahnhof, eigene Wohnung suchen usw.). Zur Entwicklung der selektiven Aufmerksamkeit im Rahmen des Lesens helfen Suchbilder, die dazu auffordern, bestimmte Gegenstände zu entdecken (siehe das Suchbild auf S. 35).

10.2 Lesefertigkeit

Bevor sinnerfassend gelesen werden kann, muss der Schüler über eine gewisse Lesefertigkeit verfügen. Sie beginnt mit der sicheren Buchstaben-Laut-Zuordnung, setzt sich im Erkennen von Wörtern und Wortteilen fort und wird später zusätzlich gestützt durch das Erkennen grammatischer Zusammenhänge und das Erfassen von Zusammenhängen durch den Kontext.

Lesestrategie Buchstaben-Laut-Zuordnung

- Wenn die Buchstaben-Laut-Zuordnung gelingt, dann wird das Wort Buchstabe für Buchstabe gelesen. Beim Namen Hörbiger liest das Kind dann H-ö-r-b-i-g-e-r. Ergeben sich dabei Probleme, sollte man überprüfen, ob das Kind den gleichen Buchstaben immer wieder erkennen und benennen kann.

- In einem zweiten Schritt schreibt das Kind Buchstaben nach Ansage. Wird das nicht gekonnt, sollte die Zuordnung regelmäßig auf diese Weise geübt werden.

Je sicherer das Kind im Wiedererkennen einzelner Buchstaben ist, umso schneller kann es Buchstaben auch entdecken, wenn sie so verfälscht sind wie in dieser Abbildung.

Lesestrategie Erkennen von Wörtern

Wenn das Kind immer mehr Sicherheit bei der Buchstaben-Laut-Zuordnung gewinnt, dann prägt sich das Wort als Bild ein und wird nicht mehr Buchstabe für Buchstabe gelesen; man erfasst die Wörter ganzheitlich. Zum Überprüfen dieser Fähigkeiten und zum Üben kann jeder beliebige Text genommen werden, den das Kind nach bestimmten wiederkehrenden Wörtern durchsuchen soll.

> Als die Schüler mit ihrer Lehrerin in den Zoo gehen, besuchen sie als Erstes die Eisbären. Im Gehege sind vier Eisbären, mit dabei ist auch noch ein ganz junger Bär. Der kleine Eisbär will am liebsten mit den anderen Eisbären spielen. Aber die großen Eisbären sind sehr müde, denn es ist ein heißer Tag. Sie liegen lieber faul im Schatten und haben keine Lust, mit dem kleinen Eisbären herumzutollen.

Um zu prüfen, wie gut Wortbilder erkannt werden, soll das Kind durch „Überfliegen" des Textes ermitteln, wie oft das Wort *Eisbär* vorkommt. Anschließend können auch noch die Wörter *mit* und *klein* gesucht werden.

Lesestrategie Erkennen von Wortteilen

Danach entwickelt man die Fähigkeit, einzelne Wortteile von Wörtern zu erkennen, wie beim Wort *Bekanntschaft*, bei dem man die Einzelteile *Be-*, *-schaft* und *-kannt-* tatsächlich nicht mehr jeweils gesondert liest, sondern ganzheitlich erkennt und zusammenfügt. Damit wird das Lesen immer einfacher und benötigt weniger Energie, es wird schneller und flüssiger.

Dieses Beispiel zeigt, welche Wörter nicht erkannt, sondern gelesen werden müssen:

> Vor dem Gehege der Eisbären steht ein großes Schild. Dort steht, dass die Eisbären eigentlich am Nordpol, also in der Arktis, wohnen und auch Ursus maritimus heißen. Weil die Eisbären Säugetiere sind, gehören sie zur Klasse der Mammalia. Sie sind exzellente Schwimmer und Taucher und ernähren sich am liebsten von Fleisch. Dieser Vorliebe haben es die Eisbären zu verdanken, dass man sie auch als Carnivoren (Fleischfresser) bezeichnet.

Für den Erwerb der Lesefähigkeit werden die Lesestrategien Buchstaben-Laut-Zuordnung, Erkennen von Wörtern und Erkennen von Wortteilen weiter unterstützt durch das Erkennen grammatischer Zusammenhänge sowie durch Sinn gebende Bilder und Kontext.

Lesestrategie Erkennen grammatischer Zusammenhänge

Beim Lesen ergeben sich aus grammatischen Vorgaben zum Beispiel bestimmte Endungen: Die Kind *er* ha *ben* ... Die Endungen werden dann nicht mehr gelesen, sondern es ergibt sich ganz logisch, dass es nicht heißen kann: Die Kind ha *t* ...

Das folgende Beispiel verdeutlicht dies:

> Nach dem Besuch bei den Eisbären ist es Mittag. Die Schüler und die Lehrerin ha_____ Hunger und mach_____ eine Pause. Die Klasse such_____ sich einen Picknick-Platz, wo mehrere Tische und Bänke steh_____. Jedes Kind hol_____ das mitgebrachte Essen aus der Tasche und die Lehrerin verteil_____ bunte Servietten. Danach gibt es noch eine Überraschung. Weil es so heiß ist, ha_____ die Lehrerin für jedes Kind ein Eis gekauft.

Lesestrategie Sinngebender Kontext oder Bilder

Durch den Kontext ergeben sich logische Hinweise für die Auswahl der Wörter, z.B.:

Steht in einem Text über einen Hund der Satz:	Der Hund b____
dann denkt der Leser wahrscheinlich an:	Der Hund bellt
oder an:	Der Hund beißt
aber sicher nicht an:	Der Hund bügelt

> Nach dem Mittagessen gehen die Schüler als Nächstes zu den Affen. Dort gibt es viel zu sehen: große und k_______, alte und j_______ Affen sitzen in den kahlen B_______ und am Boden. Die Affen stört die H_______ an diesem Julitag überhaupt nicht. Einige k_______ herum und springen von einem A_____ zum nächsten. Ein ganz alter Affe mit einem dicken B_______ hält eine g_______ Banane in der Hand. Neben ihm liegt noch mehr Obst und Gemüse: r_______ Äpfel und orangefarbene M_______.

Auch Bilder können eine Hilfestellung sein. Wenn ein Kind neben der Geschichte Bilder sieht, etwa einen Arzt, einen Krankenwagen und ein Krankenhaus, dann kann es davon ausgehen, dass es in der Geschichte um das Thema Krankheit und Behandlung geht.

Bilder können also helfen, den Sinn rascher zu erfassen. Manche Comics, auch in Buchform, können gute Einstiegschancen für Kinder bieten, die Probleme haben, den Sinn von Texten zu erfassen. Solche Comics sollten nicht mehr als zwei bis sechs Bilder pro Seite zeigen, die Bilder sollten möglichst von links nach rechts und von oben nach unten angeordnet oder nummeriert sein. Die Schrift sollte ausreichend groß und auch gut lesbar sein. Weiterhin sollten Informationen zur Geschichte sowie Sprech- oder Denkblasen klar zu unterschieden sein. Mit solchen Comics haben wir in der Lernpraxis schon große Erfolge erzielen können.

Stellt man bei Schülern Unsicherheiten in der Lesefähigkeit fest, dann kann mithilfe der Analyseblätter zu den einzelnen Lesestrategien überprüft werden, welche Strategien dem Schüler nicht oder nur schlecht zur Verfügung stehen. Diese Lesestrategie kann dann analog zu den Analyseblättern geübt werden, denn ein guter Leser beherrscht alle Lesestrategien und kann sie je nach Bedarf variabel einsetzen.

10.3 Sinnerfassendes Lesen

Was ist, wenn zwar eine Lesefertigkeit besteht, das Kind aber trotzdem nicht versteht, was es liest und deshalb auch nicht Sinn erfassend lesen kann? In diesem Fall möchte ich Ihre Aufmerksamkeit auf folgende drei Punkte lenken:

- Wortverständnis
- Sprachverständnis
- Sprachgedächtnis

Wenn es bei einem oder mehreren dieser drei Aspekte Probleme gibt, sollte man zuerst daran arbeiten, bevor man das Sinn erfassende Lesen übt.

Wortverständnis

Diese drei Vorschläge helfen, das Wortverständnis zu prüfen und zu aktivieren:

1. Man macht eine Bewegung vor, die Kinder sollen den richtigen Begriff dafür finden, z.B. die Bewegung beim Zähneputzen.
2. Die Kinder bekommen den Begriff gezeigt (auf einem Kärtchen) und beschreiben ihn nun, ohne den Begriff selbst zu verwenden.
3. Mehrere Begriffe werden einander gegenübergestellt und die Kinder ordnen sie jeweils paarweise richtig zu, z.B.:

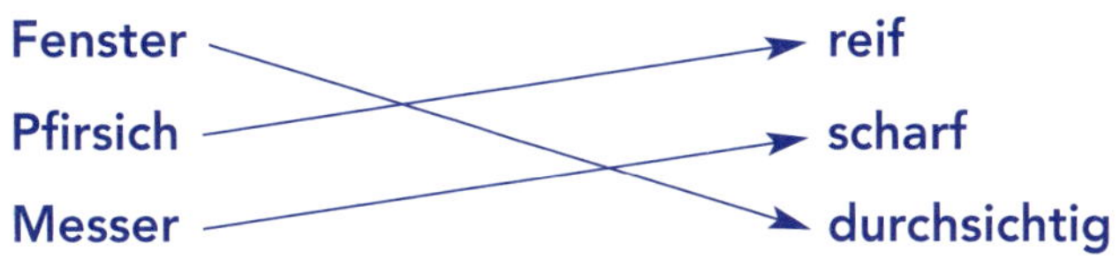

Sprachverständnis

Hier gilt es herauszufinden, ob der Satz als Ganzes richtig verstanden wurde, weil die gleichen Wörter je nach Zusammenhang eine entgegengesetzte emotionale Besetzung oder einfach eine andere Bedeutung haben können, z.B.:

- „Ich habe *keine* Angst" ist „gut";
- „Ich habe *keine* Freunde" ist „schlecht".

Im ersten Satz hat „weit entfernt" eine andere Bedeutung als im zweiten:

- „Wien ist weit entfernt von Hamburg."
- „Ich bin weit davon entfernt, mich aufzuregen."

1. Man prüft und aktiviert das Sprachverständnis, indem man Kinder auffordert, etwas Bestimmtes genau zu tun, z.B.: „Lege den kleinen blauen Ball neben den großen hellbraunen Teddybären."
2. Eine zweite Möglichkeit ist, den Kindern eine Geschichte zu zeigen, in der sie die Wörter finden und ändern sollen, die *nicht* dazu passen, z.B.:

> Wir haben im Garten einen *Pferdestall* für meine Meerschweinchen. Ich lasse sie jeden Tag frei laufen und sie *schwimmen* durch die Blumen. Manchmal *trinken* sie etwas von den Kleeblättern. Ich muss aufpassen, dass sie nicht in das Salatbeet *fliegen.* Am Ende kommen sie wieder in ihr *Vogelhäuschen.*

Sprachgedächtnis

Man bildet Sätze, indem Wörter verknüpft werden. Wir brauchen eine gewisse Merkfähigkeit, damit wir am Ende eines Satzes noch wissen, was am Anfang steht. Das nennt man Sprachgedächtnis. Das lässt sich überprüfen und zugleich üben, indem Eltern oder Lehrer Sätze vorsprechen und die Kinder diese Sätze genau nachsprechen, z.B.:

- Ich gehe jeden Mittag nach dem Essen in den Park.
- Dort treffe ich meine Freunde und wir spielen Ball oder Fangen.
- Wenn ich vom Park nach Hause komme, mache ich meine Hausaufgaben.

11. Rechnen: vier Lernstufen

Wenn wir Erwachsenen die Zeichen +, –, x oder • und : sehen, wissen wir, was damit gemeint ist. Kinder sehen anfangs nur merkwürdige Striche und Punkte und wissen mit diesen Zeichen nichts anzufangen. Bevor ein Kind die Grundrechenarten und das mathematische Denken wirklich erfassen und erlernen kann, muss es die Tatsachen und Vorgänge, die jeder Rechnung zugrunde liegen, erst einmal in seinem konkreten Alltag bewusst erleben.

Ein Beispiel für die Entwicklung des mathematischen Denkens ist das folgende: Ein Kind bekommt vier Bonbons mit der Frage: „Wie viele Bonbons liegen hier?“ Nun zählt das Kind zunächst einen Bonbon nach dem anderen ab, indem es jeden einzelnen anfasst, wegschiebt oder darauf deutet. Auf der nächsten Stufe wird das Kind die Bonbons nicht mehr anfassen, sondern mit den Augen abzählen. Durch häufige Präsentation der immer gleichen Menge hat das Kind die Möglichkeit auch auf einen Blick – simultan – zu erfassen, dass es sich um vier Bonbons handelt. Damit entwickelt das Kind die Bewusstheit, dass es sich sowohl um eine Ganzheit handelt (die Menge vier), als auch, dass diese Ganzheit aus vier Einzelteilen (erstes Bonbon, zweites Bonbon, drittes Bonbon, viertes Bonbon) besteht. Das Zerlegen der Menge in Teilmengen ist eine Voraussetzung für die Rechenvorgänge des Addierens, Subtrahierens, Multiplizierens und Dividierens.

Die erste Stufe: konkretes Handeln mit Gegenständen

Auf der Stufe des konkreten Handelns erfolgen das Addieren und Subtrahieren durch aktives Tun. Das Kind bekommt zwei Bonbons dazu, legt diese zwei zu den vorhandenen vier Bonbons und sieht bereits jetzt, dass diese neue Menge größer ist, dass sie aus mehr Einzelteilen besteht. Die genaue Anzahl wird dann meist durch konkretes Abzählen ermittelt. Wenn die Bonbons auf eine bestimmte Weise geordnet hingelegt werden, kann das Kind Menge und genaue Anzahl auch simultan erfassen, ohne abzuzählen, zum Beispiel, wenn die Bonbons wie die sechs Punkte auf einem Würfel hingelegt werden.

Das Subtrahieren erfolgt ebenfalls durch eine konkrete Handlung, beispielsweise wird ein Bonbon von den ursprünglichen vieren weggenommen. Wesentlich ist auf dieser Entwicklungsstufe, dass die Handlung wirklich erfolgt, dass etwas aktiv getan wird. Besonders für Kinder mit einer kinestetischen Wahrnehmungsdominanz ist das wichtig, da sie die Grundlagen für das Rechnen sonst nicht auf ihrer bevorzugten Wahrnehmungsebene buchstäblich körperlich erfahren.

„Dazugeben“ und „Wegnehmen“, also Addieren und Subtrahieren, ist als Vorgang verständlich und nachvollziehbar, weil man ihn machen und sehen kann. Wenn nun die Übertragung in die nächste Entwicklungsstufe erfolgt, nämlich die Abstraktion, und das „Tun“ des Dazugebens und Wegnehmens durch die Rechenzeichen Plus (+) und Minus (–) ersetzt wird, entsteht für viele Kinder ein großes Problem: Sie verwechseln diese abstrakten Zeichen. Selbst in der 3. und 4. Klasse kann es noch passieren, dass Plus und Minus verwechselt werden. Auf Hilfestellungen für dieses Problem gehe ich im Folgenden noch ein.

Multiplizieren heißt auch „Malnehmen“. In diesem Begriff steckt bereits ein Schlüssel, wie das Verständnis der Kinder für diesen Rechenvorgang geweckt werden kann. Es darf noch einmal oder sogar zweimal genauso viel nehmen, wie es schon hat. Nehmen wir an, ein Kind darf sich aus einer Schüssel zwei Bonbons nehmen. Es greift hinein, zählt ab und stellt fest, dass es zwei hat. Nun darf es aus der Schüssel zum zweiten Mal genauso viele Bonbons dazu nehmen und stellt fest, dass es jetzt vier hat. Wenn es zum dritten Mal davon nimmt, werden daraus sechs.

Das Dividieren oder „Teilen“ kann man gut lernen, wenn ein Kind zum Beispiel sechs Bonbons bekommt und gebeten wird, sie zwischen sich und zwei Freunden aufzuteilen. Es wird einige Bonbons zu einer Seite schieben, weitere auf die andere Seite und merken (auch deshalb, weil die Freunde vielleicht protestieren), dass auf jede der drei Seiten zwei Bonbons gehören. Es wird bei diesem aktiven Tun auch Folgendes lernen: Auf je mehr Menschen ich aufteile, desto weniger oder kleiner wird der jeweilige Anteil.

Diese erste Stufe ist enorm wichtig, um das tiefe innere Verständnis für Rechenvorgänge zu erfahren und zu verankern. Eltern und Lehrer sollten sich nicht davor scheuen, auf diese Stufe zurückzugehen und auch mit einem älteren Kind von vielleicht zwölf Jahren auf dieser Ebene zu arbeiten, wenn sich herausstellt, dass das Verständnis für die Rechenvorgänge mangelhaft ist. Man wird dann natürlich keine Bonbons und Klötzchen mehr benutzen.

Wenn beispielsweise die Fläche eines Rechtecks berechnet werden soll und das schwer fällt, so kann man das Rechteck aus Leisten basteln und wird dann feststellen, dass jeweils zwei Leisten gleich lang sind, die Voraussetzung für die Formel $2 \cdot a$ und $2 \cdot b$ bzw. $2 \cdot (a + b)$. Soll zum Beispiel die Oberfläche eines Quaders berechnet werden, nimmt man einen tatsächlichen Quader und schlägt ihn rundherum mit einem großen Papier ein. Oder er wird auf allen Seiten farbig bemalt und dann „abgedruckt“. Dieses Vorgehen ist für ältere Kinder nicht etwa lächerlich, sondern notwendig, damit die Kinder eine konkrete eigene Vorstellung davon bekommen, die ihr mathematisches Verständnis begründet.

Auf dieser ersten Stufe bauen die drei weiteren Stufen auf, wenn Kinder mathematische Aufgaben erfassen und lösen. Die Abbildung verdeutlicht diese Stufen:

4. Stufe:	Automatisierung
3. Stufe:	Arbeit mit Symbolen
2. Stufe:	Bildliche Darstellung mit grafischen Zeichen
1. Stufe:	Konkretes Handeln mit Gegenständen

© Haberda 2005

1. Zunächst lernen wir also, im Umgang mit Gegenständen buchstäblich zu handeln. Kinder brauchen *konkrete Objekte* zum Anfassen oder zumindest zum Anschauen, um zu erfassen, um welche Aufgabenstellung es geht.
2. Danach folgt die Umsetzung der Aufgabe durch eine *bildliche Darstellung*, in der die grafischen Zeichen eine große Ähnlichkeit mit den Objekten haben.
3. Auf der dritten Stufe geht es um die *Arbeit mit Symbolen*, die jedoch schon ganz abstrakt sind.
4. Die letzte Stufe wird als *Automatisierung* bezeichnet. Man benötigt für die Lösung von Rechenaufgaben nur sehr wenig Einsatz und Energie.

Die zweite Stufe: bildliche Darstellung mit grafischen Zeichen

Die größten Herausforderungen für das Kind auf der zweiten Stufe sind:

- Es tut jetzt nichts mehr oder sieht nicht mehr, wie ein anderer etwas tut, sondern es soll sich etwas vorstellen. Das ist eine Form der Abstraktion.
- Der Vorgang des Abstrahierens ist auch uns Erwachsenen meist nicht mehr bewusst. Wie sehen einen Ball auf einem Bild und sagen: „Das ist ein Ball." In Wahrheit ist es aber kein Ball, sondern der Platzhalter oder Stellvertreter des Balles, nämlich seine flächige Darstellung. In der Mathematik haben wir es mit solchen Abstraktionsvorgängen zu tun, bei denen Gegenstände zunächst durch Bilder ersetzt werden. Diese Bilder werden weiter abstrahiert und am Schluss vollständig durch Symbole (z.B. Ziffern oder Buchstaben) ersetzt. Das fällt Kindern mit einer Dominanz der intuitiven Hemisphäre schwerer als Kindern mit einer Dominanz der analytischen Hemisphäre.

- Eine weitere Form der Abstraktion ist der Gebrauch von Rechenzeichen wie +, –, • und :. Dabei erfolgt das Umsetzen durch grafische Zeichen, eine Art Verschlüsselung und Entschlüsselung von Rechenvorgängen.

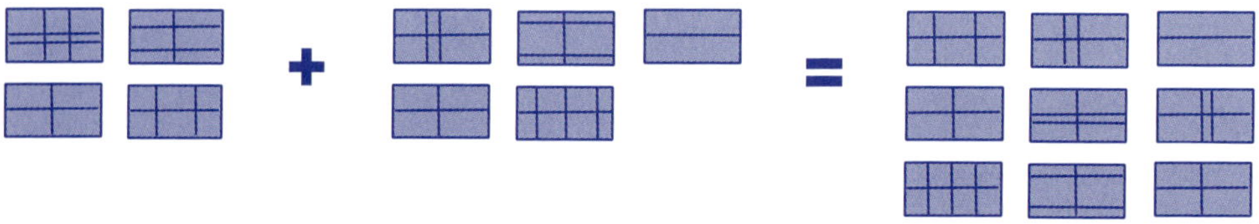

Auf dieser zweiten Stufe lassen sich sowohl Einzelmengen als auch die Gesamtmenge noch gut durch Abzählen feststellen. Der Vorgang des Hinzuzählens oder Wegnehmens wird jedoch mit einem grafischen Zeichen oder Symbol verschlüsselt und dann wieder entschlüsselt.

Die dritte Stufe: Arbeit mit Symbolen

Die Kinder rechnen nun mit Symbolen, also mit Zahlen und Rechenzeichen. Auf dieser Stufe werden nicht nur die Rechenzeichen ver- und entschlüsselt, sondern auch die Mengen. Bilder und abstrahierte Darstellungen von Mengen werden durch Zahlen ersetzt (vier Koffer oder vier Kästchen werden nun als Ziffer 4 „verschlüsselt").

Der Schüler kann auf dieser dritten Ebene nichts mehr konkret abzählen, sondern vollzieht alle Rechenvorgänge in seiner Vorstellung. Dazu bedarf es der Fähigkeit zum Ver- und Entschlüsseln von Rechenzeichen und Zahlen. Die Arbeit mit Symbolen fordert auch das Gedächtnis auf besondere Weise.

Das größte Problem besteht jetzt darin, dass die Schüler den Mengenbegriff auch wirklich „automatisch" zur Verfügung haben müssen. Oft kommt es jedoch noch in der 4. Klasse vor, dass die Aufgabe 4 + 5 = 9 nicht „gewusst" wird, sondern dass der

Schüler zu der Vorstellung von 4 Punkten zurückgeht, die er abzählt, dann von 5 Punkten, die er wiederum abzählt, und erst danach beide Teilmengen zur 9 zusammenzählt. Oder ein Schüler zählt an seinen Fingern erst 4 ab und danach 5. Bei beiden Formen des „zählenden Rechnens“ schleichen sich aber erfahrungsgemäß häufig Fehler ein. Beim letzten Beispiel zählt der Schüler die 4 vielleicht an den Fingern der linken Hand ab, die 5 an den Fingern der rechten und zählt dann aber die ganze linke Hand, nämlich 5 links, mit den 5 rechts zusammen. Ein typischer Fehler beim zählenden Rechnen ist die Abweichung um eine Position zu viel oder zu wenig.

Je früher die Schüler jedoch lernen, Mengen automatisch und ohne nachzuzählen in ihre Teilmengen zu zerlegen, desto sicherer werden sie im automatischen Erkennen, im „gespeicherten Wissen“, dass 4 und 5, 6 und 3, 2 und 7 oder 8 und 1 immer jeweils 9 ergeben. Sie wissen es und rechnen nicht mehr. Das führt sie zur vierten Stufe, der Automatisierung von Rechenvorgängen.

Die vierte Stufe: Automatisierung

Auf dieser Stufe muss man also die jeweils einfacheren Rechenvorgänge nicht mehr gedanklich nachvollziehen, sondern weiß die Ergebnisse. Damit wird der Schüler frei für andere, anspruchsvollere Rechenaufgaben, zum Beispiel für das Rechnen über die Zahl 10 hinaus.

Typische Rechenprobleme

Im Folgenden betrachten wir typische Probleme beim Rechnen in der Grundschule und ihre häufigsten Ursachen. Dazu gehören:

- der Mengenbegriff,
- das Verwechseln von Rechenzeichen,
- das Rechnen über den Zehner,
- Schwierigkeiten beim Dividieren,
- Sachaufgaben, die schwer fallen.

Im Anschluss daran finden Sie Arbeitsblätter zu diesen fünf Themen, um die Fähigkeiten des Kindes zu erkennen. Am Ende des Kapitels werden Aktivierungsprogramme und spezielle Übungen vorgestellt, mit deren Hilfe die Probleme gelöst werden können. Zunächst eine kurze Erklärung:

Der Mengenbegriff

Die Zuordnung von Menge und Zahlwort funktioniert nicht, auch nicht das automatisierte Zerlegen sowie das automatisierte Ergänzen von Mengen und Teilmengen:

Das Kind sieht zum Beispiel fünf Äpfel auf dem Übungsblatt und darüber die Ziffern 4 und 5 und soll nun sagen, welche Ziffer der Anzahl der Äpfel entspricht. Oder es sieht nur zwei Äpfel und soll sagen, ob die Ziffer 3 oder 4 richtig ist, um die Gesamtanzahl auf 5 zu ergänzen.

Die Kinder können auch nicht auf Anhieb sagen, ob die Zahl 7 größer ist als 5: Die Ursache hierfür ist meist, dass das Kind keinen Mengenbegriff hat oder es nicht mit Symbolen umgehen kann, in diesem Fall also Mengen nicht durch Zahlen oder Rechenvorgänge nicht durch Zeichen ausdrücken kann.

■ Verwechseln von Rechenzeichen

Der Umgang mit Symbolen (v.a. einzelne Ziffern, Zahlen, Rechenzeichen, geometrische Formen und Figuren) ist nicht nur, wie bereits erwähnt, für das Rechnen mit Mengen wichtig. Der Vorgang der Ver- und Entschlüsselung von Symbolen wird beim Rechnen (wie auch beim Schreiben) ständig angewandt, auch wenn dies meist unbewusst geschieht. Zwei Aspekte tauchen hier auf:

Die konstante Zuordnung derselben Symbole zu denselben Vorgängen, Mengen usw. ist nicht gegeben, sondern das Pluszeichen wird vielleicht einmal als Aufforderung zum Addieren, dann aber wieder zum Subtrahieren aufgefasst. Das Rechenzeichen wurde nicht verstanden, die Stufe des konkreten Handelns bzw. die Stufe des Arbeitens mit grafischen Bildern wurde zu wenig erarbeitet. Es scheint ein „läppisches“ Problem zu sein, Rechenoperationen zu verwechseln, es taucht aber bis zur 4. Klasse und sogar später immer wieder auf!

Ein zweiter Aspekt ist, dass die Ver- und Entschlüsselung zwar funktioniert, jedoch zu langsam erfolgt. Die Schüler verwenden zu viel Zeit darauf und verlieren dadurch den Anschluss.

■ Rechnen über den Zehner

Sehr häufig zeigen sich beim Rechnen über den Zahlenraum 10 hinaus die ersten größeren Schwierigkeiten. Einige Gründe dafür sind:

- mangelhafte Orientierung in den Zahlenräumen,
- nicht automatisiertes Zerlegen und Ergänzen von Mengen,
- nicht automatisierte einfache Rechenoperationen,
- eingeschränkte Gedächtnisleistung,
- nicht verstandener struktureller Aufbau des Zahlensystems.

Schwierigkeiten beim Dividieren

Dividieren erfordert Kenntnisse in mehreren Rechenarten. Wenn der Schüler bei nur einer dieser Rechenarten Schwierigkeiten hat, dann kommt es auch beim Dividieren zu Problemen:

- Es gibt Probleme mit Umkehraufgaben: 3 • 7 = 21 vs.: Wie oft ist 3 in 21 enthalten?
- Die Raumorientierung ist beeinträchtigt: Das genaue Schreiben von Ziffern an die richtigen Stellen klappt nicht; beim Wechseln der Zeilen verrutschen die Ziffern an falsche Plätze.
- Das Hin- und Hergleiten der Augen vom Divisor 12 zum Dividenden 456 und zum Quotienten 38 fällt schwer: 456 : 12 = 38

Bei Problemen mit dem Dividieren ist die Augenfolgebewegung oft schon deshalb beeinträchtigt, weil es Kindern schwer fällt, die Augen überhaupt hin und her zu bewegen. Außerdem ist die selektive Aufmerksamkeit unter Umständen nicht ausreichend ausgebildet.

Weitere Ursachen für Probleme beim Dividieren können sein, dass das Zerlegen und Ergänzen von Mengen nicht automatisiert ist und die einfacheren Rechenoperationen Addition, Subtraktion und Multiplikation noch nicht in automatisierter Form zur Verfügung stehen.

Sachaufgaben fallen schwer

Kinder wissen oft nicht, welche Rechenart sie anwenden sollen:

„Drei Kilo Äpfel kosten sechs Euro, wie viel kosten vier Kilo?“

Zunächst wird dividiert und danach multipliziert. Kindern, die das nicht können, fehlt zum Teil der Überblick über das Ganze, sie verlieren sich in Details und erkennen keinen Zusammenhang.

Ein anderer Aspekt des Problems bei Sachaufgaben besteht darin, dass Details verwechselt werden, zum Beispiel die Angaben zum Preis mit den Angaben zum Gewicht, Euro wird mit Kilo vermengt. Der Grund hierfür ist oft eine sehr ausgeprägte Dominanz und eine mangelhafte Integration. Stark intuitiv orientierte Kinder nehmen die Details nicht wahr oder unterscheiden sie nicht richtig, stark analytisch geprägte Kinder nehmen wiederum nur Einzelheiten wahr und haben keinen Überblick über das Ganze. Sie haben also keinen Zugang zur Rechengeschichte.

Mangelhaftes Leseverständnis kann schließlich ebenfalls eine Ursache für Probleme sein. Entweder ist die Lesefertigkeit noch nicht genügend ausgebildet oder das Sinn erfassende Lesen (Sprachverständnis und Sprachgedächtnis) gelingt nicht.

Arbeitsblätter zum Erkennen der Ursachen und zum Aktivieren verschiedener Fähigkeiten

Eltern helfen diese Arbeitsblätter zunächst, die Fähigkeiten ihres Kindes rasch und zuverlässig zu erkennen. Man sollte sich aber bitte kein absolutes Urteil aufgrund der so zustande gekommenen Ergebnisse bilden. Für Fachleute mit geschulter pädagogischer Erfahrung können sie ebenfalls von Nutzen sein, um das Vorhandensein oder den Mangel an Fähigkeiten der ihnen anvertrauten Kinder besser einzuschätzen.

Gleichzeitig bieten die Arbeitsblätter jedoch auch Übungsbeispiele, um bestimmte Fähigkeiten zu fördern, stärken, aktivieren und verankern. In diesem Teil des Buches werden jene Aspekte und Lernprobleme behandelt, die in der Praxis am häufigsten auftauchen.

■ Mengenbegriff

Häufig verfügen Kinder noch über keinen allgemeinen Mengenbegriff und können deshalb auch keinen differenzierten Mengenbegriff entwickeln. Da er für das Rechen aber sehr wichtig ist, sollte ein grundlegender Aufbau erfolgen. Dabei geht man schrittweise vor:

1. allgemeiner Mengenbegriff
2. Erfassen gleicher Mengen
3. Mengenkonstanz
4. Zuordnen von Menge und Zahlwort
5. Zerlegen und Ergänzen von Mengen

1. Allgemeiner Mengenbegriff

Unter einem allgemeinen Mengenbegriff versteht man die Unterscheidungsfähigkeit zwischen: *Was ist viel? Was ist wenig? Was ist groß? Was ist klein?*

Im Gegensatz dazu bedeutet ein differenzierter Mengenbegriff, sagen zu können: *Es sind vier Autos zu sehen*; oder: *Das Auto ist sehr viel größer als die Blume.*

2. Das Erfassen gleicher Mengen

Ein weiterer Schritt im Aufbau des Mengenbegriffs besteht darin, gleiche Mengen auf einen Blick zu erfassen. Bei dem Arbeitsblatt auf Seite 124 oben geht es darum, dass das Kind würfelt und immer die Augenzahl auf dem Arbeitsblatt abstreicht, die es gewürfelt hat. Es geht hier noch nicht darum, dass das Kind die Menge genau bezeichnet, z.B.: „Das sind drei ...“, oder: „Das sind vier ...“.

Sind viele (Bäume, Kühe usw.) oder wenige zu sehen? Welche der abgebildeten Dinge sind in Wirklichkeit groß, welche sind klein?

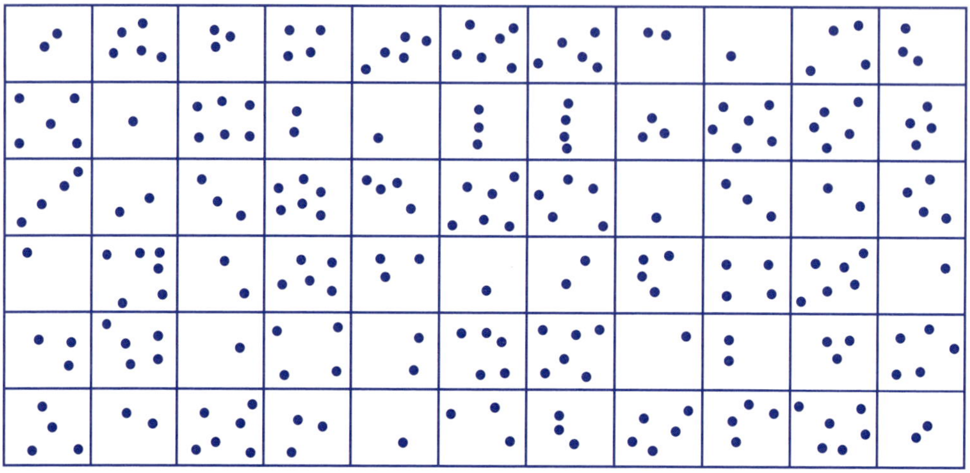

Würfle und streiche die gleiche Augenzahl auf dem Blatt durch, die dein Würfel zeigt.

3. Mengenkonstanz

Ein wichtiger Schritt ist das Verankern der so genannten Mengenkonstanz. Dabei lernen oder üben die Kinder, dass drei Ameisen genauso die Menge 3 bilden wie drei Elefanten oder dass vier rote Lastwagen genauso eine Menge von 4 ausmachen wie vier blaue Blumen. Sie lernen aber auch, dass die Mächtigkeit einer Menge nicht von der Art der Anordnung bestimmt wird. Erst wenn erfasst wird, was gleich ist, kann auch eine Differenzierung gelingen – und in der Folge eine Definition dessen, was mehr oder weniger bzw. größer oder kleiner ist.

Ist die Menge gleich oder verschieden?

4. Zuordnen von Menge und Zahlwort

Hat das Kind mithilfe der bereits vorgestellten Übungsformen einen Zugang zum Mengenbegriff gefunden, kann mit der Verschlüsselung Menge-Zahlwort und der Zuordnung der Zahlwörter zu ihren entsprechenden Mengen begonnen werden. Dabei bietet sich eine Übung an, die alle Wahrnehmungskanäle anspricht:

Wir benötigen neun durchsichtige Marmeladengläser, neun Karten mit den Ziffern 1 bis 9 sowie pro Kind 55 gleich große Perlen, Murmeln, Knöpfe oder Muggelsteine. Die Gläser werden nun auf einem Tisch in einer Reihe aufgestellt.

Dann soll das Kind eine Perle in die Hand nehmen, in das erste Glas werfen, gleichzeitig „Eins“ sagen und die Karte mit der Ziffer 1 vor dieses Glas stellen. Anschließend nimmt es das Glas in die Hände und schüttelt es, sodass man das Geräusch der klappernden Perle hört. Als Nächstes nimmt es zwei Perlen und vollzieht den Vorgang analog. Am Schluss kann man alle Karten wegnehmen, mischen und sie dann neu zuordnen lassen. Sicher fallen Ihnen noch weitere Varianten dazu ein.

Diese Vorgehensweise übt die sichere Zuordnung von Menge und Zahlwort und schafft gute Voraussetzungen für das Bilden einer aufsteigenden Reihe von eins bis neun.

Der Vorteil der transparenten Gläser besteht darin, dass man die Anzahl der Perlen immer wieder kontrollieren kann, dass sie Geräusche machen, dass man jederzeit von Neuem beginnen kann usw.

5. Zerlegen und Ergänzen von Mengen

Diese Übung hilft, das Addieren, Subtrahieren, Multiplizieren und Dividieren zu erleichtern oder zu unterstützen. Die Kinder lernen dabei, von jeder Menge zwischen eins und neun beliebige Teilmengen zu bilden. Bevor dies auf der Schriftebene mithilfe eines Arbeitsblatts geschieht, scheint es mir sehr wesentlich, den Vorgang auf der Ebene des konkreten Handelns zu erfahren und von dieser Ebene ausgehend die vier Lernstufen beim Rechnen zu durchlaufen. Nur so kann eine Automatisierung beim Zerlegen und Ergänzen von Mengen erreicht werden.

KONKRETES HANDELN

Wir benötigen dafür wieder Perlen, Spielsteine o.Ä. Eine bestimmte Anzahl von Steinen liegt vor dem Kind, zum Beispiel sechs. Auf ein Kommando nimmt das Kind nun jeweils eine beliebige Teilmenge der sechs Steine in seine Hände und erlebt dabei, dass es zum Beispiel links einen und rechts fünf Steine hält, links drei und rechts drei oder links vier und rechts zwei.

BILDLICHE DARSTELLUNG

Von der Handlungsebene bewegen wir uns dann auf die Schriftebene. Wir beginnen mit Bildern. Sie können dieses Arbeitsblatt mehrmals größer kopieren und die Bilder als Karten ausschneiden und immer unterschiedlich anordnen. Eine größte Menge ist vorgegeben, in diesem Fall zehn (Stifte).

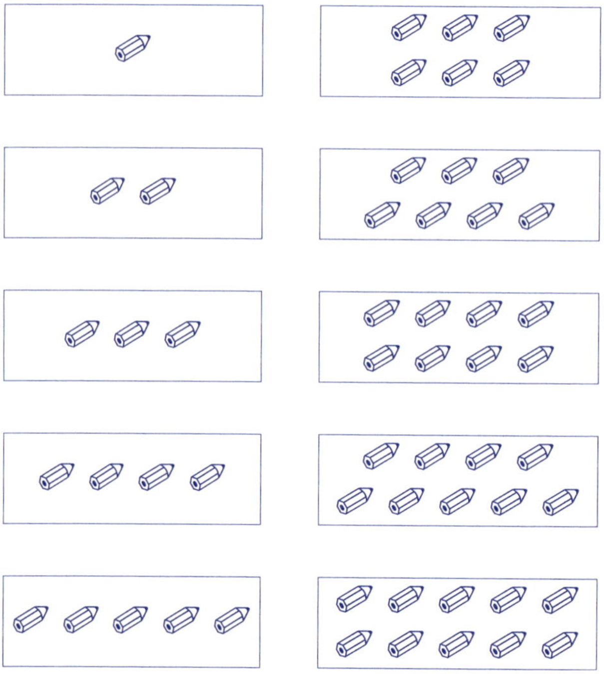

Die Kärtchen sollen nun so angeordnet werden, dass sich immer wieder die gleiche Menge ergibt. Anfangs wird man dem Kind vielleicht 4 oder 5 als Gesamtmenge vorgeben, später dann eine größere Menge bis zu 10. Wichtig ist, dass die Kinder schließlich zu den vorgegebenen Gesamtmengen alle entsprechenden Teilmengen (1 + 9, 8 + 2, 4 + 6 usw.) „automatisch“ bilden können bzw. kennen.

Dieses Arbeitsblatt folgt demselben Prinzip, aber auf einer abstrakteren Ebene.

Statt der Stifte sind nur noch Punkte zu sehen; der Übungsablauf bleibt gleich.

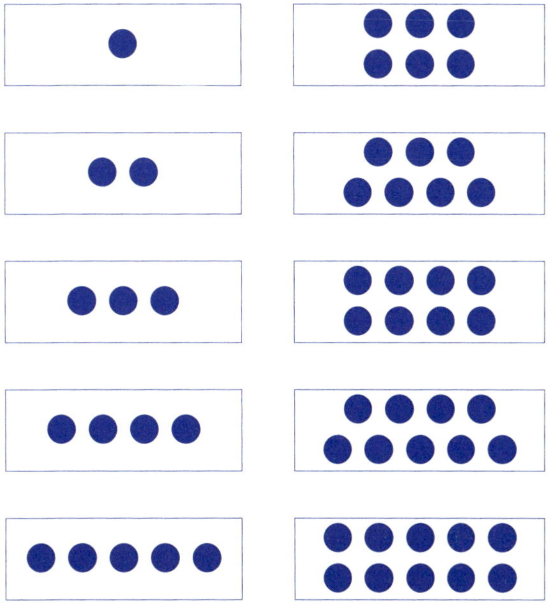

ARBEITEN MIT SYMBOLEN

Eine Vorgabe könnte sein, zur Menge 5 verschiedene Teilmengen zu bilden. Liegt beispielsweise die Karte mit der abgebildeten 3 bereits vor dem Kind, so muss es nun die Menge 2 aus den kopierten und ausgeschnittenen Karten heraussuchen. Anschließend werden die weiteren Teilmengen von 5 erarbeitet.

1	6
2	7
3	8
4	9
5	10

AUTOMATISIERUNG AUF SPRACHLICHER EBENE

Der Erwachsene gibt eine Gesamtmenge vor, zum Beispiel 5. Dann sagt er „Vier“ und das Kind ergänzt „Eins“, ohne jedoch abzuzählen oder zu rechnen; der Erwachsene sagt „Null“, das Kind ergänzt „Fünf“ usw.

■ Verwechseln von Rechenzeichen

Werden Rechenzeichen häufig verwechselt, so ist es sinnvoll als Erstes zu überprüfen, ob der Schüler generell mit Symbolen umgehen kann. Wir können Kindern Handzeichen geben: „Komm her“, „Geh nach links“ usw., um zu sehen, ob sie diese Zeichen „entschlüsseln“ und sich richtig verhalten können.

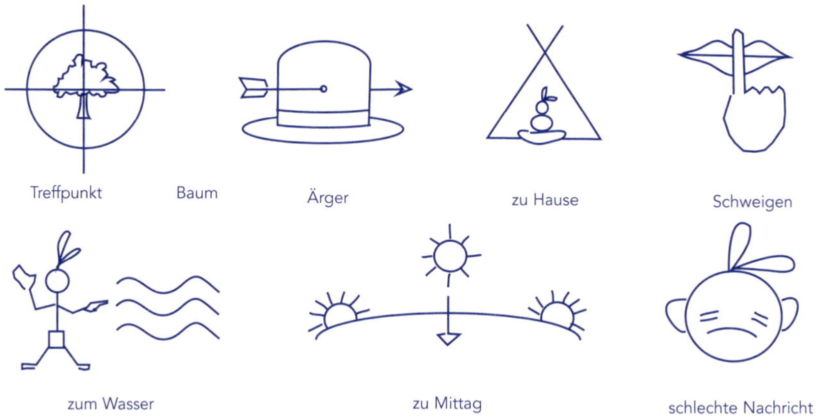

Der nächste Schritt könnte darin bestehen, gezeichneten Symbolen eine Bedeutung zuzuordnen.

Umgang mit Symbolen

Man sollte Kinder auch dazu ermuntern, eigene Symbole zu erschaffen, zum Beispiel jeweils ein Symbol für die Ziffern von 1 bis 10. Durch das selbstständige Erschaffen eigener Symbole bekommen Kinder einen guten Zugang zu dieser Thematik und können in der Folge auch besser mit vorgegebenen Symbolen umgehen. Beispielsweise könnte das Symbol für die Menge 1 ein Herz sein, für die Menge 2 ein Auge, für 3 ein Dreieck, für 4 ein Kleeblatt usw.

•	••	•••	••••	•••••	••••• •	••••• ••	••••• •••	••••• ••••	••••• •••••

Erfinde Symbole für die dargestellten Mengen.

Ob die Ver- und Entschlüsselung von Symbolen und Zeichen gelingt, kann man auch leicht mithilfe von „Geheimschriften“ überprüfen. Das ABC kann bei modernen Textverarbeitungsprogrammen als normale Schrift erscheinen oder auch in Symbole übersetzt bzw. verschlüsselt werden. Das Kind kann auch eine eigene Geheimschrift erfinden.

Die zu entziffernde Textvorlage ist ein Satz aus einer kleinen Geschichte, die bereits vorgestellt wurde.

Emotionaler Anker

Immer wieder neigen Schüler dazu, die Rechenzeichen Plus (+) und Minus (–) zu verwechseln, und zwar meist dann, wenn die „andere“ Rechenart „einfacher“ auszuführen ist, z.B.: 12 – 7 = 19 oder 38 + 5 = 33.

Werden die Rechenzeichen häufig verwechselt, so hat es sich in der Praxis unserer KLIPP und KLAR-Lernstudios sehr bewährt, die Rechenzeichen durch eigenes Handeln emotional zu verankern. Dazu eignet sich folgende Spielform: Ein Karton dient als „Plusmaschine“ und ein Plusprogramm wird vorgegeben, z.B. „+ Zipfelmütze“. Das Kind klettert in den Karton hinein, setzt sich dort die bereitliegende Mütze auf und klettert *mit* der Mütze auf dem Kopf wieder heraus. So erlebt es, dass Plus (+) bedeutet, etwas dazuzubekommen. Varianten sind + Handschuhe, + Schal, + Bonbon, + Luftballon usw.

Nun lassen wir die Kinder dasselbe nicht mehr machen, sondern zeichnen. Den gleichen Abstraktionsvorgang führen wir zum Schluss am Beispiel einer „Minusmaschine“ durch.

Was ist hinzugekommen? Zeichne ein, was oben in den Trichter kommt!

Zeichne ein, was am Ende aus der Plusmaschine herauskommt!

Rechnen über den Zehner

Die Aufgabe lautet zum Beispiel: 7 + 5 = ? Wir Erwachsenen wissen das Ergebnis, ohne rechnen zu müssen. Bis Kinder die Antwort aber unmittelbar wissen, machen sie folgende Schritte:

- Zunächst wird von 7 auf den Zehner ergänzt, sie zählen also 3 dazu.
- Sie wissen, dass 5 dazugezählt werden sollen und sie brauchen bereits 3, um auf den Zehner zu kommen.
- Nun müssen sie 5 in die Teilmengen 3 und 2 zerlegen; mit 3 wird auf den vollen Zehner ergänzt und 2 werden zum Zehner dazugezählt; das Ergebnis lautet demnach 12.
- Der Schlüssel liegt hier im automatisierten Zerlegen. Das Kind sollte wissen, dass die 10, wenn sie einerseits in eine 7 zerfällt, dann automatisch auch noch in die Teilmenge 3 zerfällt. Solche „Zahlenbäume" zu wissen, ohne noch abzählen zu müssen, ist eine wesentliche Voraussetzung für das sichere Rechnen über den Zehner. Hier zur Erinnerung der Zahlenbaum für die Zahl 10:

10
9 | 1
8 | 2
7 | 3
...

- Genau so wie bei diesen Rechenbeispielen im Zahlenraum zwischen 1 und 20 der erste 10er überschritten wird, lassen sich die Beispiele und Übungen auch auf das Rechnen in größeren Zahlenräumen übertragen: von 1 bis 50 oder von 1 bis 100 usw.

Damit das Rechnen über den Zehner gelingen kann, werden zahlreiche Voraussetzungen benötigt:

1. Orientierung im jeweiligen Zahlenraum

Eine Grundvoraussetzung für das Rechnen mit Zahlen, die größer sind als 10, ist die Sicherheit, mit der sich das Kind im jeweiligen „Zahlenraum" bewegt. Der erste Zahlenraum, den die Schüler kennen lernen, liegt zwischen 1 und 10, der nächste zwischen 10 und 20, danach geht es bis 50, 100 usw. „Sicherheit im Zahlraum" bedeutet, dass ein Kind von jeder beliebigen Zahl im jeweiligen Raum abziehen und hinzuzählen kann sowie die nächsten und übernächsten Nachbarn kennt.

ZAHLENKARTEN

Schreiben Sie die Zahlen von 1 bis 20 einzeln und deutlich auf jeweils ein Blatt eines Notizblocks oder auf ein Kärtchen. Mischen Sie vor jedem Spieldurchgang neu, damit die Zahlen wirklich gefunden und herausgesucht werden müssen.

- Als Erstes legen die Kinder die zwanzig Zahlenkarten von 1 bis 20 aufwärts in der richtigen Reihenfolge nebeneinander, danach von 20 bis 1 abwärts.
- Sie legen eine Zahl hin, das Kind legt die beiden direkten Nachbarn dazu.
- Sie legen eine Zahl hin, das Kind legt den jeweils übernächsten Nachbarn dazu.
- Sie legen eine Zahl hin, dann werden nach links und rechts zunächst alle geraden Zahlen abwärts und aufwärts gelegt. Anschließend wird als Variante mit derselben Zahl neu begonnen und alle ungeraden Ziffern werden ab- und aufsteigend gelegt.

Wenn mehr als ein Kind beteiligt ist oder Sie als Erwachsene mitspielen, dann können Sie die Kärtchen mischen und unter allen Mitspielern aufteilen. Nun legt derjenige, welcher die Karte mit der 1 hat, diese ab, dann werden alle Zahlen bis 20 nacheinander daneben abgelegt. Das führt dazu, dass jeder darauf achten muss, ob er das folgende Zahlenkärtchen hat.

ZAHLENSTRAHL

Sie benötigen einen Zahlenstrahl von 1 bis 10. Eine Person nennt eine Zahl zwischen 1 und 10 und das Kind zeichnet mit einem Bleistift dort, wo es die Zahl vermutet, einen Strich und schreibt die Zahl selbst darüber. Diese recht einfach anmutende Übung ist jedoch besonders günstig, weil Kinder erkennen, dass 5 in der Mitte und dass die 3 näher an der 1 als an der 10 liegt usw. Das hilft ihnen, den Zahlenraum zu erleben und ihre Bewegung darin sicherer zu machen.

In der folgenden Abbildung fügt das Kind in den Freiräumen die richtigen Zahlen ein:

1		3			6				10			13				17			20

Hier schreibt das Kind die richtigen „Nachbarn" der vorgegebenen Zahlen auf:

	2	

	14	

	19	

Auch bei dem folgenden Zahlenwurm sollen die fehlenden Zahlen in die freien Felder richtig eingesetzt werden. Dabei muss nicht vorne, also bei der kleinsten Zahl, begonnen werden. Die Reihen können auch geschlossen werden, indem von den vorgegebenen Zahlen ausgehend die Nachbarn bestimmt werden.

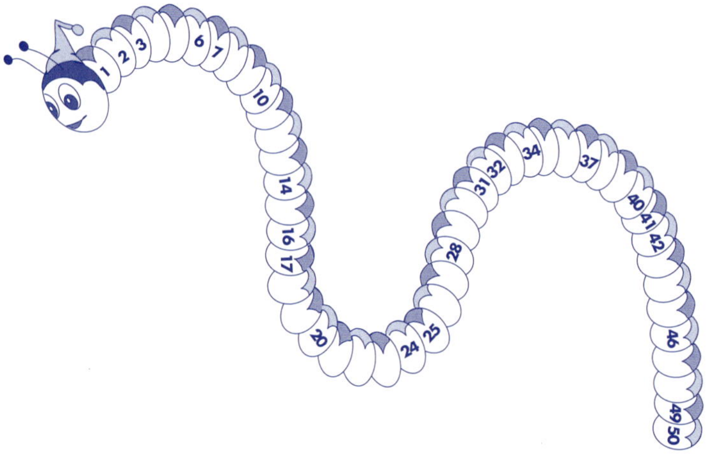

Wenn man den Zahlenraum bis 100, später bis 1000 erweitert, haben manche Kinder Schwierigkeiten damit, den Wert großer Zahlen richtig einzuschätzen. Dieses Problem resultiert daraus, dass der Zahlenraum von 1 bis 100 häufig in Form einer „Hunderter-Tafel" dargestellt, etwa so:

1 _______ 10
11 _______ 20
...
91 _______ 100

Dabei taucht etwas auf, was trotz aller guten Absichten und der Notwendigkeit, Platz zu sparen, nicht berücksichtigt wurde: Die Entfernung zwischen den Zahlen 1 und 100 (also die Diagonale) ist nämlich nicht wesentlich größer als die Entfernung zwischen 1 und 10. Mit dieser optisch annähernd gleichen Distanz ist es für Schüler schwierig zu versehen, dass 100 viel mehr ist als 10.

Für das KLIPP und KLAR-Lernkonzept haben wir eine einfache Methode entwickelt, um den gesamten Zahlenraum zu erfahren und so begreifbar zu machen. Wir kleben Papierstreifen aneinander und schreiben alle Zahlen von 1 bis 100 von links nach rechts groß und deutlich auf diesen Streifen, der recht lang werden kann, vielleicht acht bis zehn Meter. Nun gehen wir mit den Kindern an diesem Streifen entlang. Dabei sehen sie buchstäblich, wie weit entfernt die 1 oder die 100 ist, wenn sie bei 10, bei 50 oder 85 stehen.

Außerdem erfahren die Kinder, dass der Stellenwert einer Ziffer den Wert beziehungsweise die Größe einer Zahl bestimmt. Die Ziffer 3 kommt im Zahlenstrahl bis 100 mehrfach vor, zum Beispiel bei 3 und bei 30. Bei der 3 steht die Ziffer 3 an der Einer-Stelle, bei der 30 steht sie hingegen an der Zehner-Stelle und bestimmt so für die Zahl einen anderen Wert.

Wurde der Zahlenraum auf diese Weise erobert, wird der Streifen zum Beispiel wieder in zehn Teile zerschnitten, die untereinander geklebt werden. So erleichtert man den Übergang vom Erfahren und Sehen zum Sehen und dann weiter in die Abstraktion, die ohne Entfernungen zwischen den Zahlen auskommt. Die folgende Abbildung ist eine gute Möglichkeit, die Zuordnung von Zahlen bei einer flächigen Anordnung der Zahlen bis 100 zu üben.

Alle Sitzplätze im Kino haben eine Nummer: Toni hat die Karte mit der Nummer 88. Wo wird er sitzen?

Beim Zahlenraum bis 1000 gehen wir mit den Kindern übrigens eintausend Schritte, damit sie unmittelbar erleben und auch emotional verankern können, wie viel 1000 ist. Mit dem so genannten 1000er-Würfel kann man die Entfernungen zwischen 1 und 1000 nicht so gut darstellen, da 1 und 100 ähnlich weit voneinander entfernt sind wie 1 und 1000.

VERNETZUNG IM ZAHLENRAUM

Bevor man sich in einen größeren Zahlenraum begibt und mit immer größeren Mengen rechnet, ist es wichtig, dass das Wissen über die Zahlen des jeweils gerade geübten Zahlenraums und ihre Beziehungen untereinander richtig verankert und vor allem vernetzt wurden.

Isolierte Fakten werden nicht oder nur schlecht gespeichert; zählendes Rechnen liefert nur Einzelfakten. Häufig wiederholtes zählendes Rechnen perfektioniert zwar den Zählvorgang, führt aber nicht zur Bildung von Assoziationen oder Vernetzungen. Die Vernetzung von Fakten ist Grundlage aller Ableitungen, z.B. bei:

Tauschaufgaben:	7 + 2 = 9 2 + 7 = 9
Nachbaraufgaben:	3 + 3 = 6 3 + 4 = 7
Umkehraufgaben:	3 + 4 = 7 7 – 4 = 3
Dekadische Aufgaben:	4 + 2 = 6 14 + 2 = 16

Wissenserwerb gelingt umso besser, rascher und nachhaltiger, je mehr Knoten in einem Wissensnetz vorhanden und je stärker die Verbindungen zwischen den einzelnen Knoten sind.

2. Automatisiertes Zerlegen und Ergänzen von Mengen

Diesen Punkt habe ich im Abschnitt „Mengenbegriff" bereits ausführlich dargestellt, siehe hierzu Seite 122.

3. Sicherheit in der Durchführung einfacher Rechenoperationen

Eine weitere Voraussetzung für das Rechnen über den Zehner ist, dass ein Kind das Addieren und Subtrahieren zwischen 1 und 20 ohne Zehnerüberschreitung sicher kann, dass diese Rechenvorgänge also „automatisiert" sind, z.B.:

3 + 4 =   9 – 5 =   12 + 5 =

Auch das Ergänzen auf den Zehner sollte beherrscht werden, z.B.:

4 + ? = 10   7 + ? = 10

Falls bereits bei diesem Rechnen *ohne* Zehnerüberschreitung Probleme auftauchen, weil das Rechnen mit Zeichen, Ziffern oder Symbolen eben noch nicht sicher beherrscht wird, so geht man mit dem Kind von der Symbolebene zurück auf die Bildebene. Falls das noch keine ausreichende Sicherheit bringt, geht man noch einen Schritt zurück, nämlich dahin, das Kind durch eigenes Tun (mit Perlen oder Muggelsteinen) den Vorgang des Hinzuzählens und Wegnehmens sicher begreifen zu lassen.

4. Merkfähigkeit

Da das Rechnen über den Zehner aus mehreren Rechenschritten besteht, ist die Merkfähigkeit der Schüler gefordert. Ich habe die Bedeutung bereits beim sinnerfassenden Lesen erwähnt, möchte an dieser Stelle jedoch noch eine Möglichkeit vorstellen, wie mithilfe eines Memory-Spiels das Gedächtnis überprüft und gleichzeitig auch geschult werden kann.

Suche jeweils das gleiche Bild heraus.

5. Struktureller Aufbau des Zahlensystems wird erkannt

Der strukturelle Aufbau unseres Zahlensystems beruht auf dem Dezimalsystem, dem Zehnersystem. Wenn Kinder dies erfassen, können sie nicht nur leicht über die Zehn hinaus rechnen („über den Zehner rechnen"), sondern später auch analoge Rechnungen leichter durchführen, z.B.:

14 + 3 = 17
damit ist 24 + 3 = 27
und 54 + 3 = 57

Das muss nicht mehr gerechnet werden, sondern wird unmittelbar erfasst oder „gewusst", wenn die Grundlage, hier 14 + 3 = 17, begriffen wurde.

Dividieren

Vermutlich kennen viele Eltern diese Situation: Bis zu einem gewissen Punkt kommen die Kinder beim Rechnen recht gut mit, mehr oder weniger klappt alles noch so, dass keine größeren Probleme deutlich sichtbar werden. Sobald in der Schule mit dem Dividieren begonnen wird, tauchen jedoch Schwierigkeiten auf: „Bis jetzt hat er (oder sie) doch alles ganz gut gemacht. Warum ist das denn nun plötzlich so ein großes Problem?"

1. Grundrechenarten werden nicht beherrscht

Häufig gibt es eine recht einfache Erklärung dafür, warum mit dem Dividieren die ersten großen Rechenprobleme auftauchen: Die einfachen Rechenarten (Addition, Subtraktion, Multiplikation) funktionieren nicht, das Rechnen über den Zehner gelingt nicht automatisch, das Einmaleins wird nicht ausreichend beherrscht.

Um die Aufgabe 516 : 12 = ? zu lösen, muss der Schüler zuerst überlegen: Wie oft steckt 12 in 51?

- Dafür sollte die Zwölferreihe beherrscht werden: 12, 24, 36, 48, 60, 72 ...
- 51 steht zwischen 48 und 60, daher ist 12 in 51 vier Mal enthalten mit einem Rest: 12 • 4 = 48, die Differenz zu 51 ist 3.

Werden solche Einzelschritte der Grundrechenarten nicht beherrscht, kann auch das Dividieren nicht gelingen. Es kommt bei Problemen beim Dividieren also darauf an, herauszufinden, wo das Kind „hängen" bleibt und die jeweilige Grundrechenart wirklich sicher einzuüben, um die Division möglich zu machen.

2. Rechenvorgang wird nicht verstanden

Ein anderer Grund kann sein, dass das Kind den eigentlichen Rechenvorgang nicht versteht. Auf der Ebene des konkreten Handelns haben die Kinder nicht erfahren und gelernt, was „teilen" bedeutet.

3. Rechenschritte werden ausgelassen oder vertauscht

Eine dritte Ursache kann die folgende sein: Einzelne „Verfahrensschritte" beim Dividieren werden ausgelassen oder vertauscht. Das bedeutet, dass nicht jeder einzelne Schritt in der richtigen Reihenfolge gemacht wird.

Die Aufgabe lautet 516 : 12 = ?

1. Schritt: Ich überlege, wie oft 12 in 51 enthalten ist.

2. Schritt: Wenn ich auf 4 komme, multipliziere ich 12 mit 4 = 48.

3. Schritt: Ich schreibe die 4 rechts neben das „Ist gleich"-Zeichen und die Zahl 48 genau unter die Zahl 51.

4. Schritt: Ich subtrahiere 48 von 51 und erhalte den Rest 3, den ich unter die 8 von 48 schreibe.

5. Schritt: Ich schreibe die letzte Ziffer der Zahl 516, die 6, unten rechts neben die 3, jetzt steht dort 36.

6. Schritt: Ich überlege, wie oft die 12 in der 36 enthalten ist, komme auf 3 und schreibe hinter das Gleichheitszeichen rechts neben die 4 die 3.

7. Schritt: Ich schreibe 36 unter 36, subtrahiere und komme auf den Rest 0.

```
516 : 12 = 43
48
 36
 36
  0
```

4. Mangelnde Hand-Augen-Koordination

Wenn Probleme entstehen, weil die Zahlen nicht genau und richtig untereinander geschrieben werden, so ist die Ursache oft in der mangelhaften Hand-Augen-Koordination zu finden, die bereits thematisiert wurde.

5. Zeitbegriff

Auch der Zeitbegriff kann eine große Rolle dabei spielen, dass Kinder Probleme mit dem Dividieren haben. Kinder mit einer starken Dominanz der intuitiven Gehirnhälfte spüren und denken gerne und vor allem (oder sogar nur) in Zeitbegriffen wie „jetzt" und „nie". Eine klare Reihenfolge wie „vorher", „jetzt" und „nachher" ist ihnen eher fremd. Das macht sich manchmal an Aussagen wie „übergestern" bemerkbar und daran, dass die Zeitbegriffe „gestern" und „morgen" verwechselt werden. Falls ein solches Muster generell vorliegt, dann kann sich das auch in einem Durcheinander bei der Abfolge von Rechenschritten der Division bemerkbar machen.

Eine Möglichkeit, den Zeitbegriff zu überprüfen, besteht darin, die Kinder eine Bildgeschichte richtig anordnen zu lassen. Wichtig ist, dass die Kinder hierfür die Begriffe „davor“, „danach“, „zuerst“ und „zuletzt“ automatisch verfügbar haben.

Die Vorgabe lautet: Bilder kopieren, ausschneiden, mischen und in die richtige Reihenfolge bringen.

6. Raumbegriff

Ähnlich wie bei Problemen mit dem Zeitbegriff kann es auch Schwierigkeiten mit dem Raumbegriff geben. Hier sollte das Kind mit Begriffen wie „darüber", „darunter", „daneben", „links", „rechts" selbstverständlich und genau umgehen können. Das ist Teil der Raumorientierung, die auch beim Thema Schreiben bereits behandelt wurde.

7. Probleme beim Rechnen mit der Null

Kinder verstehen manchmal nicht, dass bei jeder Multiplikation mit der Null das Ergebnis auch immer Null lautet. Das führt beim Dividieren dann zu Fehlern, wie in diesem Beispiel:

```
224048 Meter : 16 = 100
16
 6
16
 04
  ?!
```

Die Kinder sehen, dass die 16 in 6 null Mal „hineingeht", schreiben auch richtig eine 0 neben die 1, also 10, machen nun aber den Fehler, $0 \cdot 16 = 16$ zu rechnen. Und schon kann die Division nicht mehr fortgesetzt werden.

Beim Malnehmen kann man mit den Kindern die Null spielerisch erkunden. Mehrere Bonbons liegen auf dem Tisch und man fragt: „Du darfst immer zwei Bonbons nehmen. Wenn du jetzt zwei Bonbons auf einmal nehmen darfst, wie viele hast du dann?" Man lässt das Kind dies auch wirklich tun, sodass es zwei Bonbons in der Hand hält. Dann schreibt das Kind auf, was es gemacht hat: „Zwei Bonbons habe ich einmal genommen. Ich habe jetzt zwei Bonbons." Als Nächstes lässt man das Kind jeweils zwei Bonbons drei Mal nehmen, sodass es aufschreibt: „Ich habe zwei Bonbons drei Mal genommen; jetzt habe ich sechs Bonbons."

Nun fragt man: „Wenn du null Mal oder kein Mal, also gar nicht, ein Bonbon nehmen darfst, wie viele Bonbons hast du dann?" Wieder schreibt das Kind auf: „Zwei Bonbons null Mal, kein Mal genommen; dann habe ich null Bonbons."

Wenn nun 30 Bonbons auf dem Tisch liegen und das Kind darf null Mal zwei Bonbons nehmen, wie viele hat es dann? Es wird darauf kommen, dass es selbst dann, wenn viele Bonbons auf dem Tisch liegen, es aber null oder kein Mal davon nehmen darf, es auch null Bonbons hat. Auf diese Weise kann die Bedeutung der Null unmittelbar erlebt und nachvollzogen werden.

■ Sachaufgaben

Nach meiner Erfahrung ist dies ein häufig vorkommendes Problem: Die Rechenaufgabe wird gelesen, aber nicht verstanden. Oft ist die Lesefertigkeit zwar vorhanden, es besteht aber *kein Leseverständnis.*

1. Mangelndes Leseverständnis

Mangelt es am Leseverständnis, geht man bei der Arbeit mit dem Kind zurück zur Entwicklung des sinnerfassenden Lesens (siehe Seite 113). Um zu überprüfen, ob das Kind über ausreichendes Leseverständnis verfügt, kann man zum Beispiel drei Aufgaben und drei Lösungen vorlegen und es bitten, eine Verbindungslinie von der Aufgabe zur Lösung zu ziehen, ohne aber das Ergebnis zu berechnen.

Herr Huber fährt mit dem Auto von Wien nach Hamburg.

Wie viele Kilometer muss er fahren?	**9 Stunden**
Wie lange braucht er für die Strecke?	**85 Euro**
Für wie viel Geld muss er Benzin tanken?	**1000 km**

2. Umwandlung von Text in Rechenoperationen

Ein zweites Problem ist, dass die Angaben nicht in Rechenoperationen umgewandelt werden können. Bei Sachaufgaben ist es erforderlich, die Beschreibung in Zahlen umzusetzen:

„In dem Waggon ist Platz für fünfundvierzig Menschen, zweiundzwanzig sitzen bereits drin, wie viele dürfen noch zusteigen?“

Im ersten Schritt werden geschriebene Zahlen in Ziffern umgesetzt:

45 und 22;

dann wird die gesamte Vorgabe in eine Rechenaufgabe umgewandelt, nämlich:

$$45 - 22 = ?$$

Ursache dafür, dass viele Kinder mit dieser Art von Aufgaben Schwierigkeiten haben, ist meist, dass Rechenaufgaben zu spät als Sachaufgaben dargestellt und erlernt werden. Bereits in der 1. Klasse sollte das Rechnen von Anfang an auch das Lösen einfacher Sachaufgaben beinhalten. Dies könnte etwa in der Form geschehen, dass zur Rechnung $3 + 4 = ?$ von den Kindern Geschichten erfunden werden, z.B.:

- Susi hat drei Puppen, Petra hat vier. Wie viele haben sie zusammen?
- Der Bauer sammelt drei Äpfel, seine Frau vier. Wie viele liegen jetzt im Korb?
- Auf dem Parkplatz stehen drei rote und vier grüne Autos. Wie viele Autos stehen insgesamt dort?

Je früher Kinder lernen, Geschichten zu Rechenaufgaben und einzelnen Zahlen zu erfinden, umso leichter fällt es ihnen auch, den umgekehrten Schritt von der Geschichte zur Rechenaufgabe zu vollziehen.

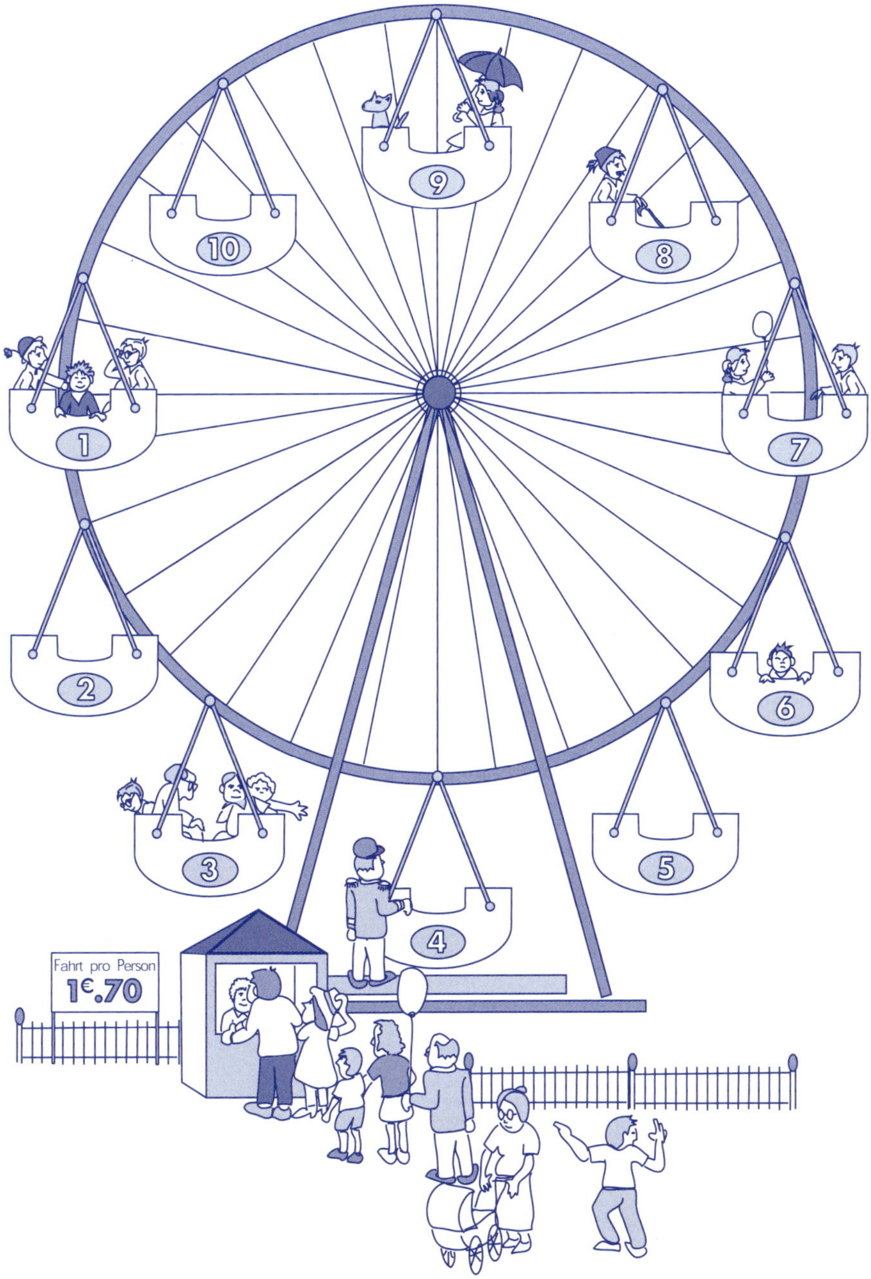

Die Kinder werden aufgefordert, Rechengeschichten zum Bild vom Riesenrad mit der Kasse zu erfinden: Wie viele Gondeln gibt es? Wie viele Menschen sitzen in den Gondeln? Wie viele Personen stehen an der Kasse an?

3. Richtige Rechenvorgänge mit falschen Zahlen

Wenn Kinder keinen guten Zugriff auf Details haben, weil sie stark intuitiv veranlagt sind und die analytische Funktion nicht integrieren können, so kann es zu richtigen Rechenvorgängen – aber mit falschen Zahlen – kommen. Außerdem könnte die selektive Aufmerksamkeit zu wenig entwickelt sein. Beide Aspekte, Stärkung der Integration und der selektiven Aufmerksamkeit, wurden bereits behandelt.

Kindern mit diesem Problem hilft es, wenn ihre Aufmerksamkeit auf die für sie wichtigen Details gelenkt wird, z.B. wenn sie Zahlen und Bezeichnungen farbig unterstreichen, sie optisch hervorheben, und so ihre Aufmerksamkeit ganz bewusst darauf richten.

D Erfahrungen aus dem Alltag

12 Helfen können, auch bei großen Problemen: Rückmeldungen über die Praxisarbeit in den Lernstudios

Ungefähr eintausend Menschen befinden sich in verschiedenen Ausbildungsseminaren. Über einhundert Lerntrainer arbeiten inzwischen erfolgreich mit dem hier vorgestellten Lernkonzept. Aus einigen Lernstudios wurden typische Beispiele und praktische Lösungsmodelle für dieses Buch zur Verfügung gestellt. Diese Rückmeldungen aus dem Schulalltag sollen helfen zu erkennen, dass Eltern und Lehrer einige Elemente oder das gesamte Lernkonzept auch ganz selbstständig für ihre Kinder oder Schüler nutzen können. Die Erfahrungen zeigen, dass das KLIPP und KLAR-Lernkonzept aus der Schulpraxis heraus entwickelt wurde, um im Schultag einfach und erfolgreich eingesetzt werden zu können.

Aus dem Lernstudio Deizisau

Bewegung und Wassertrinken hilft bereits

Seit Januar 2004 arbeite ich mit Tobias (16 Jahre, 9. Klasse Hauptschule). Innerhalb eines halben Schuljahres hat er sich in sechs Fächern um jeweils eine ganze Note verbessert. Als Erstes wurde sein Energieniveau erhöht: Dank Bewegungsübungen und regelmäßigem, reichlichem Wassertrinken wurde er so fit und aktiv, dass seine Mutter es kaum glauben konnte. Außerdem stellte er fest, dass er sich viel besser konzentrieren konnte und mehr aktive Mitarbeit während des Unterrichts leistete. Als dann am Basisbaustein „Integration“ gearbeitet wurde, verstand er Sachverhalte schneller und fand den Unterricht nicht mehr so schwierig. Er wurde für seine Leistungen von den Lehrern sehr gelobt. Nun hat er die Möglichkeit bekommen, mit Zusatzunterricht und einem 10. Schuljahr seinen Werkrealschulabschluss zu absolvieren.

Besser rechnen können

Seit Fabian (12 Jahre, 7. Klasse Hauptschule) sich mit Brain-Gym®-Übungen und durch die Arbeit an den Basisbausteinen Energie, Wahrnehmung und aktivierter Integration stabilisiert hat, haben sich seine schulischen Leistungen verbessert. Er arbeitet im Unterricht besser mit und macht regelmäßig Hausaufgaben. Durch die Integration der Gehirnhälften kann er schneller und genauer rechnen. Er hat erkannt, dass seine Rechenweise umständlich war und dies eigenständig abgeändert. In seinen Lieblingsfächern Erdkunde und Biologie ist er nun fast immer der Beste!

Aus dem Lernstudio Fulda

Probleme mit Zahlen

Unser Sohn M., geboren 1991, wird seit November 2002 im KLIPP und KLAR-Lernstudio in Fulda betreut. M. ist Förderschüler mit Schwierigkeiten im Zahlenbereich. Anfangs lagen die Termine zweiwöchentlich, seit Beginn 2004 geht M. auf eigenen Wunsch einmal wöchentlich in das Lernstudio. Er freut sich auf die Fördereinheiten. Selbst in den Ferien möchte er nicht pausieren. Uns als Eltern überzeugte der ganzheitliche Ansatz des Konzeptes. M. benötigt als Mangel- und Risikokind seit seinem ersten Lebensjahr sehr viel Förderung und besondere Zuwendung. Folgende Veränderungen in den letzten zwei Jahren fallen uns bei M. besonders auf: Er hat ein besseres Selbstwertgefühl und übernimmt sogar kurzzeitig Verantwortung für seinen schwierigen neunjährigen Bruder; er hat weniger Zukunftsangst; macht jetzt sehr gerne Spiele; ist stolz, dass er unser Vertrauen hat und wir Eltern ihn „loslassen" können; erledigt Aufträge mit dem Fahrrad im Nachbarort; legt langsam seine „Opferrolle" ab, deutlich sichtbar an seiner Körperhaltung; er legt mehr Wert auf die Gesellschaft anderer, ist kontaktfreudiger und offener im Umgang mit anderen Kindern und Jugendlichen; vergleicht ganz realistisch unsere Erziehungsmethoden mit denen anderer Eltern; holt sich, was er braucht, besonders Bewegung; ist länger konzentriert; hat längere selbstständige Arbeitsphasen bei Arbeiten rund ums Haus; seine Handlungsintelligenz und Arbeitsplanung haben sich merklich entwickelt.

Quadrat und Rechteck

Elena kam als Drittklässlerin in mein Lerntraining. Sie hatte Probleme in den Fächern Deutsch und Mathematik, eine Mathematikarbeit stand bevor. Da sie die dritte Klasse wiederholte, glaubten wir, dass das Wissen nur etwas aufgefrischt werden müsste. Ich fragte Elena, was die Besonderheit eines Quadrats sei. Sie antwortete: „Ein Quadrat hat vier Ecken." Dann fragte ich, was an einem Rechteck besonders sei. Ihre Antwort: „Ein Rechteck hat vier Ecken." Da ja beides stimmte, fragte ich, ob es einen Unterschied zwischen Quadrat und Rechteck gäbe. Mit dieser Frage war Elena überfordert, sie konnte sich den Unterschied nicht erklären. Da wir kurz vorher unsere Wohnung renoviert hatten, gab es noch einige übrig gebliebene Korkfliesen, und zwar braune quadratische und weiße rechteckige Fliesen. Zuerst ließ ich Elena die braunen abmessen. Aha! Alle Seiten waren gleich lang. „Wenn die Seiten gleich lang sind, dann handelt es sich um ein Quadrat". Das konnte sie gut nachvollziehen. Nach meinen Anweisungen legte sie mit den braunen Fliesen nun Quadrate in unterschiedlicher Größe auf dem Boden aus. Nachdem sie diese immer wieder gelegt und zur Kontrolle abgemessen hatte, holte ich die weißen Fliesen dazu. Elena durfte wieder messen: Nur die jeweils gegenüberliegenden Seiten waren gleich lang. Dann legte sie Rechtecke in verschiedenen Größen aus und hatte Freude am Nachmessen. Nach einer Weile gab ich nur noch das Stichwort „Quadrat“ oder „Rechteck“ und sagte, wie groß sie dieses jeweils auslegen sollte. Elena konnte nun gut unterscheiden, welche Fliesen sie nehmen sollte. Jetzt konnten wir zu den Arbeitsblättern übergehen. Sie bekam die Anweisung, rote Quadrate und blaue Rechtecke zu zeichnen. Sie wurde immer sicherer in ihrem Tun. Nun konnten wir es wagen, nicht mehr mit Buntstiften, sondern nur noch mit dem Bleistift zu zeichnen. Sie konnte Arbeitsanweisungen aus dem Mathematikbuch sehr sicher ohne Zögern erledigen. Nach ungefähr einer Stunde intensiver Arbeit konnte ich ein verschwitztes (sie hatte ja auch körperlich sehr viel gearbeitet), zufriedenes und lächelndes Kind aus dem Lerntraining verabschieden.

Aus dem Lernstudio Mitterteich

Mehr Freude beim Rechnen

Seit Mitte August 2004 geht mein Sohn Martin (9 Jahre) in ein KLIPP und KLAR-Lernstudio. Seine Übungen macht er ganz konsequent und sie bereiten ihm auch sichtlich Freude. Sein Rechentempo hat sich in dieser kurzen Zeit schon wesentlich verbessert. Rechnen macht ihm fast schon Spaß!

Besser Lesen und Rechtschreiben

Mein Sohn J. ist acht Jahre alt. Seit einem halben Jahr gehen wir in das Lernstudio. J. war aufgrund seiner leichten Schwerhörigkeit unkonzentriert und nicht besonders selbstbewusst. In der Schule hatte er beim Lesen und Rechtschreiben Probleme. Seither traut er sich mehr zu und ist nicht mehr so zurückhaltend. Im Unterricht beteiligt er sich mehr und macht auch seine Hausaufgaben zügig, selbstständig und ordentlich. Sein ganzes Auftreten ist positiver und selbstbewusster geworden.

Aus dem Lernstudio Oberndorf

Von Fünf auf Drei

Als ich in das KLIPP und KLAR-Lernstudio kam, war ich eine der Schlechtesten in meiner Klasse, obwohl ich die 6. Klasse wiederholte. Ich hatte in Mathematik eine Sechs, in Englisch und Deutsch eine Fünf und meine Schrift konnte man nicht lesen. Im Lernstudio machte ich Bewegungsübungen für mehr Energie und damit meine Gehirnhälften zusammenarbeiten. Die Lerntrainerin erklärte mir den Schulstoff so, dass ich es verstehen konnte. Vier Wochen später musste ich eine Mathematikarbeit schreiben. Ich bekam eine Drei, was ich kaum glauben konnte. Diese Note kann ich bis jetzt halten. In Englisch habe ich mich auch auf eine Drei verbessert. Deutsch ist immer noch ein Problem, aber ich habe immerhin schon eine Vier. In der Rechtschreibung möchte ich noch besser werden. Dass ich heute in der 9. Klasse bin und es so weit geschafft habe, verdanke ich nur meiner Lerntrainerin. (Nadja)

Besser Mathe verstehen und Orgel spielen

Mit Mathe hatte ich schon lange Probleme. Egal wie viel ich für Arbeiten lernte, mit den guten Noten hat es nie wirklich geklappt. Bei neuen Themen hat am Anfang noch alles funktioniert, doch wenn es schwerer wurde, saß ich ratlos vor den Hausaufgaben und ebenso ratlos im Unterricht. Mein Papa wollte mir helfen und so haben wir jedes Wochenende versucht, den Stoff aufzuholen, doch das half auch nicht und Mathe blieb mein Frustfach Nr. 1. (...) Ein Freund riet mir, im KLIPP und KLAR-Lernstudio Nachhilfe zu nehmen und das tat ich auch. Ich musste „nur" Übungen machen, die aber Wunder bewirkten. Später wiederholten wir auch alten Stoff oder wiederholten den neuen Stoff aus der Schule. Es war erstaunlich. Ich konnte mir endlich unter Mathe etwas vorstellen, ich konnte die Hausaufgaben problemlos lösen und auch dem Unterricht folgen. Eine angenehme Nebenerscheinung ist, dass ich mit zuvor schwierigen Orgel- und Klavierstücken nun weniger Probleme habe. (Stefanie)

Aus dem Lernstudio Schweinfurt

Hilfe, mein Kind ist Legastheniker

„Hilfe, mein Kind (heute fast 11 Jahre alt) ist Legastheniker!" Diese Nachricht traf mich wie ein Blitz. Ausgerechnet mein Sohn, wo ich doch eine richtige Leseratte bin. Bis ich diese Diagnose erhielt, war allerdings schon ein Teil meines Spießrutenlaufs vorbei. Und so fing alles an:

Dank der Aufmerksamkeit der Klassenlehrerin in der ersten Klasse wurde ich darauf hingewiesen, dass mein Sohn mit Abstand der schlechteste Leser sei und außerdem auch der schlechteste Schreiber. Ich rotierte und fragte mich: „Wer kann meinem Kind helfen?" Ich irrte von Therapie zu Therapie, konnte Schwerhörigkeit ausschließen, ging mit ihm zum Logopäden, wurde bei Ämtern vorstellig, rannte zu Kinder- und Jugendpsychologen, bis man mir letztlich sagte, ich selbst solle doch eine Therapie machen, dann würden sich die Schulprobleme meines Kindes wohl von selbst erledigen. Jetzt hatte ich genug und beschloss, unseren eigenen Weg zu gehen. Ein letzter Test bescheinigte Legasthenie und der Leidens- und Leistungsdruck wurde uns damit genommen. Nun konnte ich mich in Ruhe nach einer geeigneten Therapie umsehen – das war vor allem gut für meinen Sohn, der auch genug von der Testerei und Rennerei hatte. Durch den Tipp einer Freundin wurde ich auf das Schweinfurter KLIPP und KLAR-Lernstudio aufmerksam. Obwohl wir zu jeder Sitzung 45 Minuten über die Autobahn fahren müssen, war mein Sohn vom ersten Augenblick an unheimlich gern bei seinem „großen Freund". Seine Reaktion nach der ersten Sitzung war: „Mama, wann fahren wir da wieder hin, das macht ja richtig Spaß?" In netter und ruhiger Atmosphäre wurden verschiedene Tests und Übungen auf spielerische Art und Weise durchgeführt, z.B. Schwung-, Bewegungs- und Schreibübungen. (...) Es hat sich wirklich gelohnt: Mein Sohn besucht mittlerweile die fünfte Klasse der Realschule, liest freiwillig Bücher (!) und hat Spaß am Lernen.

Probleme mit dem Langzeitgedächtnis

Manuel (12 Jahre) wurde in der Schule immer schlechter. Fast alle Arbeiten wurden mit 5 oder 6 beurteilt. In Zusammenarbeit mit dem Lehrer stellten wir fest, dass Manuel Probleme mit dem Langzeitgedächtnis hatte. Bei kurzen Tests direkt nach dem Unterricht war der Notendurchschnitt weitaus besser. Rechenformeln, die er mit seinem Bruder abends gelernt hatte, wusste er am nächsten Tag noch. Wurde die Arbeit aber verschoben, konnte sich Manuel an nichts mehr erinnern. Genauso war es mit privaten Dingen. Wenn ich am Anfang der Woche erzählte, was wir am Wochenende machen wollten, hatte er es bis dahin vergessen. Also suchte ich Hilfe bei der Förderlehrerin der Grund- und Hauptschule. In einer Besprechung teilte sie mir mit, dass sie mir Lernmittel über die Schule besorgen könne, die Kosten wären allerdings erheblich (etwa 500 Euro). Hinzu käme, dass Manuel bei einer fremden Person besser lernen würde. Bei der Mutter fände man schneller eine Ausrede, nicht lernen zu müssen. Sie erzählte dann von einem Vortrag, den sie selbst zum Thema Lernförderung besucht hatte. So kamen wir zum KLIPP und KLAR-Lernstudio. Nach einigen Sitzungen verbesserten sich die Noten, es gab wieder Zweien und Dreien. Manuel wurde dadurch sehr motiviert und strengte sich auch gerne wieder an. (...) Auch ich als Mutter war oft ratlos. Bin ich zu streng oder zu nachgiebig? Durch kurze Gespräche mit den Lehrern habe ich inzwischen den Eindruck, dass das nächste Schuljahr für uns besser wird, da Manuel auch viel gelobt wird. Er hat wieder Freude am Lernen und traut sich selbst wieder mehr zu.

Aus dem Lernstudio Zusmarshausen

Ein Riesenschock

Katrin ist eigentlich eine gute Schülerin und der Übertritt in die sechsstufige Realschule war für sie selbstverständlich. Durch eine schlechte Arbeit in Mathematik hatte sie den notwenigen Notendurchschnitt minimal verpasst und musste eine Aufnahmeprüfung machen. Obwohl sie mit ihren Eltern regelmäßig geübt hatte, bestand sie die Prüfung nicht. Das war ein Riesenschock für die Schülerin. Im Juli 2003 besuchte Katrin zum ersten Mal das KLIPP und KLAR-Lernstudio. Bei der Aufnahme stellten wir eine visuell-kinestetische Wahrnehmungsebene fest und eine Dominanz der intuitiven Gehirnhälfte. Von Mitte Juli bis Dezember 2003 haben wir sehr viel an der Integration gearbeitet; Augenfolgebewegungen und das Hören waren weitere Themen. Durch beständiges Steigern des Energieniveaus und des Selbstbewusstseins ist ihre Motivation inzwischen sehr stabil geworden. Sie hat die dafür notwendigen Spiele und Übungen mit ihrer Familie regelmäßig durchgeführt und alle hatten sehr viel Spaß bei Fingerspielen, Jonglieren und Überkreuztanzen zu fetziger Musik. Da sie im Rechnen noch gelegentlich zu „Ausrutschern" tendierte, haben wir ihre Raumorientierung und ihr Gleichgewicht stabilisiert, z.B. durch Balancierübungen. Schon kurz vor Weihnachten war klar, dass der Übertritt gesichert war. Die Eltern schrieben mir: „Die vergangene Woche war für Katrin noch sehr anstrengend, eine Schulaufgabe und drei Prüfungen. In der Englischschulaufgabe bekam sie eine 2 und hatte die beste Arbeit der Klasse; die Prüfungen gingen mit 1, 2 und 3 aus. Das ist doch eine schöne ‚Bescherung' vor Weihnachten. Vielen Dank!"

Integration der Gehirnhälften

Sebastian besucht die 4. Klasse und ist zur Zeit wegen einer Weizenallergie in Behandlung; er hat auch schon viele Mittelohrentzündungen durchgemacht. Um mit der Rechtschreibung klar zu kommen, muss er viel üben, außerdem hat er leichte Probleme in Mathematik. Bei der Aufnahme im Lernstudio stellten wir eine stark kinestetische Wahrnehmungsebene fest und ein völlig auf rechts konzentriertes Dominanzprofil mit linker Schreibhand. Da er und seine Mutter sehr motiviert und aufnahmebereit waren, genügten vier Besuche im Lernstudio. Die Integration der Gehirnhälften erreichte er durch Brain-Gym®-Übungen und diverse Ballspiele sehr schnell. Energie, Motivation und Selbstbewusstsein steigerten wir durch den Einsatz von Klopftechniken und auf ihn persönlich abgestimmte positive Aussagen (Ziele und Affirmationen). Lassen Energie und Konzentration aufgrund seiner Allergie nach, hilft sich Sebastian heute noch mit Tipps und Anregungen, die er aus dem Lernstudio kennt.

Aus dem Lernstudio Basel

Besser verstehen, was das Kind hemmt

Unser Sohn Adrian besucht seit Juli 2004 das KLIPP und KLAR-Lernstudio in Basel. Wir haben es aufgesucht, weil Adrian beim Lesen und Schreiben in der Schule große Schwierigkeiten hat. Er geht in die 3. Klasse. In dieser kurzen Zeit hat sich schon sehr viel getan: Adrians Schriftbild hat sich sehr verändert und er kann jetzt auch flüssig lesen. Die Lerntrainerin machte uns außerdem auf eine starke Linksaugendominanz aufmerksam. Jetzt wurde uns vieles klar. Das Verständnis verhalf ihm zu einem stärkeren Selbstbewusstsein. Vor einer Woche hat er wieder einmal ein Diktat geschrieben und dabei nur zwei Fehler gemacht. Natürlich hat er noch einiges aufzuholen, aber es macht ihm jetzt mehr Spaß.

Jetzt liest sie selbst Bücher

Obwohl sich unsere Tochter (8 Jahre) in der Schule beim Schreiben und Lesen immer so anstrengen musste, liest sie jetzt selbst Bücher! Zu ihrer Vorgeschichte ist zu sagen, dass sie nicht gekrabbelt ist. Es machten sich bald motorische Entwicklungsverzögerungen bemerkbar. Anfänglich sahen wir darüber hinweg und hatten das Gefühl, dass sich das alles von selbst ergeben würde. Sie lernte, Defizite geschickt zu umgehen. Seit einiger Zeit lassen wir das KLIPP und KLAR-Förderprogramm in unseren Alltag einfließen, teilweise ganz gezielt, aber auch spielerisch. Die Kombination aus Bewegung und darauf abgestimmten Übungsblättern ist toll. Einfache Übungen ermöglichen es ihr, einen Weg zu finden, den Schulalltag zu meistern und Unsicherheiten abzubauen. (...) Sie liest jetzt gut und, was uns besonders freut, sie liest selbst Bücher. Ihr Schriftbild hat sich ebenfalls verbessert.

Unserer jüngsten Tochter, die jetzt 15 Monate alt ist, hat das alles auch viel gebracht. Sie wollte nicht krabbeln und hatte schon begonnen zu laufen. Durch die Gespräche mit der Lerntrainerin wurde uns klar, wie wichtig diese Krabbelphase ist. (...) Wir freuen uns sehr, dass unsere jüngste Tochter diese Phase nun nachholen konnte.

Für die Bereitschaft der Jugendlichen, Eltern sowie Lerntrainerinnen und Lerntrainer, diese Erfahrungsberichte zur Verfügung zu stellen, bedanke ich mich ausdrücklich. Sie alle stammen aus dem Herbst 2004.

13 Ausblick

Das KLIPP und KLAR-Lernkonzept kann über die eigentliche Zielgruppe „Grundschulkinder“ hinaus auch für Erwachsene von Nutzen sein. Ich habe inzwischen eine Vielzahl dankbarer Rückmeldungen bekommen von Erwachsenen, die ihre Heilpraktiker- oder andere berufliche Fortbildungsprüfungen und ähnliche Examina mithilfe dieses Lernkonzepts und der Unterstützung in den Lernstudios bestanden haben. Und auch bei ganz alltäglichen Dingen hat sich dieses Konzept bewährt: Menschen, die rechts und links verwechseln, deren Feinmotorik nicht gut ausgebildet ist oder die ihre körperliche und geistige Leistungsfähigkeit wieder verbessern möchten, stellen fest, dass ihnen das KLIPP und KLAR-Lernkonzept zu einem entscheidenden Durchbruch verhelfen kann.

Zum Abschluss dieses Leitfadens möchte ich Ihnen die wesentlichen Elemente des Konzepts noch einmal bewusst in Erinnerung rufen:

- Lernen ist ein ganzheitlicher Prozess, der Körper, Geist und Seele umfasst. Elementar wichtig für das Lernen ist die Integration der beiden Hemisphären, der rechten intuitiven Gehirnhälfte, die ganzheitlich in Bildern denkt, und der linken analytischen Hälfte, die logisch arbeitet.
- Lernprozesse werden erst durch mehrere Teilleistungsfähigkeiten initiiert. Dank dieser Fähigkeiten können wir Wissen aufnehmen, verarbeiten und speichern. Beispiele für solche Fähigkeiten sind die Hand-Augen-Koordination, die Wahrnehmungskonstanz, das Raumbewusstsein und die selektive Aufmerksamkeit.
- Im Mangel an bestimmten Teilleistungsfähigkeiten liegt die Ursache für viele Lernprobleme begründet. Daher muss neben der Arbeit an den Lernproblemen gleichzeitig auch die Arbeit an deren Ursachen erfolgen.
- Das Aktivieren der einzelnen Teilleistungsfähigkeiten erfolgt der kindlichen Entwicklung entsprechend von der Körperebene ausgehend in die Schreibebene.
- Lern- und Konzentrationsleistungen lassen sich durch körperliche Bewegungen aktivieren und verbessern.
- Jeder Mensch neigt zur Ausprägung einer gewissen Dominanz von Fähigkeiten, die ihren oder seinen Lerntypus bestimmen. Der visuelle Typ lernt am besten über Farben und Formen, der kinestetische hingegen am besten durch das Handeln, wenn also Lernen mit Bewegung verbunden werden kann.

Ihnen und Ihren Kindern oder den von Ihnen betreuten Kindern wünsche ich nun, dass sie die wunderbaren Fähigkeiten und Möglichkeiten, die in allen Menschen angelegt sind, so gut wie möglich entdecken, entwickeln und im Leben nutzen können.

E Anhang

Literatur

Bechstein, Ludwig: *Deutsches Märchenbuch*, Stuttgart: Reclam, 1996

Birkenbihl, Vera: *Das große Analograffiti-Buch*, Paderborn: Junfermann, 2002

Birkenbihl, Vera: *ABC-Kreativ*, München: Goldmann, 2004

Dennison, Paul: *Brain-Gym®-Lehrerhandbuch*, Kirchzarten: VAK, 13. Aufl. 2004

Goddard Blythe, Sally: *Greifen und BeGreifen*, Kirchzarten: VAK, 5. Aufl. 2004

Haberda, Brigitte: *Knack die Nuss beim Lesen und Schreiben*, Kirchzarten: VAK, 2. Aufl. 2003

Haberda, Brigitte: *Rechnen – Keine Hexerei*, Kirchzarten: VAK, 2. Aufl. 2002

Irlen, Helen: *Lesen mit Farben*, Kirchzarten: VAK, 1997

Krebs, Charles: *Nährstoffe für ein leistungsfähiges Gehirn*, Kirchzarten: VAK, 2004

Scott, Jimmy und Goss, Kathleen: *Allergie und der Weg, sich in wenigen Minuten davon zu befreien*, Kirchzarten: VAK, 9. Aufl. 2005

Adressen

Anfragen für Vorträge und Workshops sowie weitere Informationen zu den KLIPP und KLAR-Lernstudios erhalten Sie bei:

Ellen Belz
Lochenweg 12
78727 Oberndorf, Deutschland
Telefon / Fax: +49 (0) 74 23 / 81 44 40
E-Mail: ellen_belz@gmx.de
Internet: www.klippundklar-lernkonzept.com

Informationen zu KLIPP und KLAR-Seminaren sowie zur Ausbildung zum KLIPP und KLAR-Lerntrainer erhalten Sie ebenfalls bei Ellen Belz oder:

IAK Institut für Angewandte Kinesiologie
Eschbachstraße 5
79199 Kirchzarten, Deutschland
Telefon: +49 (0) 76 61 / 98 71-0
Fax: +49 (0) 76 61 / 98 71-49
E-Mail: info@iak-freiburg.de
Internet: www.iak-freiburg.de

Seminare zum KLIPP und KLAR-Lernkonzept:

Wie lernen möglich ist: Die Basis für Lernprozesse schaffen

Rechnen 1 und *Rechnen 2*: Dyskalkulie und die Möglichkeiten für Verbesserungen

Schreiben und Lesen 1 sowie *Schreiben und Lesen 2*: Lese-Rechtschreib-Schwäche und Ansätze für Hilfestellungen und Korrekturmaßnahmen

Lernstrategien und Lerntechniken: Die beste Lernstrategie für jeden Lerntyp

Zum Lernen motivieren: Freude am Lernen finden

Darauf aufbauend gibt es weitere Seminare für die Ausbildung zum KLIPP und KLAR-Lerntrainer:

Das Lehren lernen: Erfolgreich vor Menschen sprechen

Praxiswoche Deutsch und *Praxiswoche Mathematik*: Lehrstoff, Methodik und Didaktik bis zur Sekundarstufe

Informationen zu weiteren Arbeitsblättern, sortiert nach Teilleistungen, erhalten sie direkt bei der Autorin:

Brigitte Haberda
Steinrieglstraße 194
3400 Klosterneuburg, Österreich
Telefon / Fax: +43 (0) 22 43 / 305 24
E-Mail: haberda@netway.at

Über die Autorin

Brigitte Haberda war mehr als 20 Jahre lang im österreichischen Schuldienst und unterrichtete in allen Schultypen. Sie war als Professorin für Unterrichtspraxis an der Pädagogischen Akademie in Wien sowie in der Lehrerfortbildung tätig. Ein persönlicher Schwerpunkt lag in der Erforschung von Lernblockaden und Lernstörungen. Für den Hochleistungsbereich im Sport entwickelte sie außerdem ein Trainings- und Förderprogramm.

Heute arbeitet sie überwiegend als Seminarleiterin, unter anderem beim Institut für Angewandte Kinesiologie (IAK). Sie hat das erfolgreiche Lernberatungskonzept für die KLIPP und KLAR-Lernstudios entwickelt.

Brigitte Haberda:

Knack die Nuss beim Lesen und Schreiben

Lernstörungen erkennen und beheben mit neuen Lernmethoden

Lesen- und Schreibenlernen fällt vielen Kindern schwer. Auch Pauken hilft ihnen nicht weiter, solange sie die Grundvoraussetzungen zum Lernen nicht erfüllen. Genau hier setzt Brigitte Haberda an: Ihre abwechslungsreichen Lern- und Bewegungsprogramme sind abgestimmt auf die spezifischen Lernschwierigkeiten beim Lesen- und Schreibenlernen. Kindgerecht illustrierte Lerntipps und der Monatsplaner motivieren Kinder, sodass sie gerne am »Ball bleiben« und sich mit Dingen beschäftigen, die ihnen bisher schwer gefallen sind.

118 Seiten, 90 Abbildungen, flexibler Festband (17,5 x 24,5 cm)
ISBN 978-3-935767-19-4

Brigitte Haberda:

Rechnen – keine Hexerei

Wie Kinder spielend rechnen lernen und was Eltern darüber wissen sollten

Das Buch vermittelt im ersten Teil Hintergrundwissen über das Rechnenlernen und die daran beteiligten Gehirnfunktionen: wie Lernen mit Bewegung zusammenhängt, wie Bewegungsmangel zu Lernschwierigkeiten führt und wie Eltern die Schwachstellen ihrer Kinder herausfinden können. Der zweite Teil gibt konkrete Anleitungen zur Lernförderung: Ein Kakadu und viele abwechslungsreiche Arbeitsblätter laden die Kinder zu Bewegungs- und Rechenübungen ein.

166 Seiten, 90 Abb., flexibler Festband (18 x 24,5 cm),
ISBN 978-3-932098-40-6

Christina Buchner:

Lesen lernen mit links

... und rechts, gehirnfreundlich und ohne Stress. Bilder, Geschichten, Ideen für Lehrer, Eltern und Therapeuten

Dieses Buch zeigt Lehrern, Eltern, Logopäden und anderen Therapeuten, wie sie Kindern dazu verhelfen können, gut und gerne zu lesen. Anders als herkömmliche Lesefibeln vermittelt es das Alphabet spielerisch anhand von Gedichten, Bildern und Geschichten mit Tiefgang, die Kindern Spaß machen. Lernen mit dem ganzen Gehirn: Die vielen originellen Ideen, von der Autorin selbst in der Schule erprobt, beflügeln die Phantasie.

186 Seiten, 55 Abbildungen, Spiralbindung (18,5 x 24,5 cm)
ISBN 978-3-924077-49-5

www.vakverlag.de • www.vakverlag.de • www.vakverlag.de

Elisabeth Waclowsky:

Lernabenteuer mit dem Schweinehund®

Richtig lernen lernen – Für Kinder ab 8

Kinder zwischen 8 und 12 Jahren entführt dieses Buch auf spannende Lernabenteuer mit dem Schweinehund® und dem Fliegenferkel. Sie lernen dabei spielerisch, wo ihr innerer Schweinehund wohnt, was er im Schilde führt, warum er sie gerne stört und wie sie ihn mithilfe der Fliegenferkel-Tricks an die lange Leine legen können.
So entwickeln Kinder optimale Lernstrategien und Lernen macht wieder richtig Spaß! Mit vielen Lerntricks und Zaubertipps sowie Bildern zum Ausmalen.

120 Seiten, 65 Abbildungen, 2-farbig, Hardcover (DIN A4),
ISBN 978-3-935767-50-7

Irmtraud Große-Lindemann:

Das Lernhaus-Konzept – genial einfach lernen im Alltag

111 Alltagssituationen kreativ nutzen

Lernen ist ein aktiver Prozess, der jederzeit und überall stattfindet: Die erfahrene Sprachheilpädagogin zeigt, wie Sie den gesamten Alltag spielerisch als Lernfeld nutzen und bei Kindern Neugier und Freude am Lernen und am Leben wecken können: Bei Abwasch, Spielen, Spazierengehen oder Zähneputzen können Kinder ganz nebenbei Neues lernen und das Gehirn entwickeln – eben genial einfach! Und vor allem mit Spaß. So verschwinden Lernhürden wie von selbst.
Mit vielen Vorschlägen und einfachen Übungen, die sich leicht in den Alltag integrieren lassen.

224 Seiten, 125 Abbildungen, 4-farbig, Hardcover (16,5 x 24,5 cm),
ISBN 978-3-86731-031-4

IAK **Institut für Angewandte Kinesiologie GmbH**
Eschbachstraße 5 · D-79199 Kirchzarten
Tel. 0 76 61-98 71-0 · Fax 0 76 61-98 71-49
info@iak-freiburg.de · www.iak-freiburg.de

Das **IAK Institut für Angewandte Kinesiologie GmbH, Freiburg,** veranstaltet laufend **Kurse** in Edu-Kinestetik®, Brain-Gym® sowie zum KLIPP und KLAR-Förderprogramm und bietet die Ausbildung zum KLIPP und KLAR-Lerntrainer an. Wir haben uns im deutschsprachigen Raum in über 20-jähriger Tätigkeit als die Plattform für kinesiologische **Ausbildungen** etabliert. Dank enger persönlicher Kontakte zu den Pionieren der AK ist das Institut in der Lage, ständig die neuesten Entwicklungen zu präsentieren. Unsere im Herbst stattfindenden Kinesiologie-**Kongresse** bieten willkommene Gelegenheit zu Austausch und Begegnung.

Informationen zu unseren vielfältigen Veranstaltungen können Sie unserer Homepage entnehmen: **www.iak-freiburg.de**. Gerne schicken wir Ihnen auch unser Kursprogramm zu. (Bitte mit 2 € frankierten Rückumschlag beilegen.)

www.vakverlag.de • www.vakverlag.de • www.vakverlag.de